Alexandra Brosowski / Karin Lubowski

Schleswig-Holstein für
Klookschieter

Ellert & Richter Verlag

Inhalt

So skurril ist der Norden

Waren Sie schon mal auf Korsika? Auf Sardinien? Ihnen wird mit Sicherheit aufgefallen sein, dass die Menschen da anders sind als die Festlandsfranzosen beziehungsweise Festlandsitaliener. Sie haben ihre Eigenheiten, manchmal schrullig, oft aber ganz sympathisch, weil natürlich und unverstellt. So ähnlich ist Schleswig-Holstein, wenn man ein wenig hinter die Kulissen schaut und mit den Menschen ins Gespräch kommt, was gar nicht so schwer ist, wie es den Nordlichtern immer unterstellt wird.

Sprache und ihre regionalen Begrifflichkeiten sind immer auch ein Ausdruck von Mentalitäten und Lebenseinstellungen. Sprache ist vor allem: Kultur! Denn landsmannschaftliche Besonderheiten, Dialekte und Redewendungen bilden sich ja nicht über Nacht, sondern über das jahrhundertelange Zusammenleben in einer ganz eigentümlichen Landschaft. Logischerweise gilt das für Schleswig-Holstein mit seiner sehr bewegten Geschichte und seiner besonderen geografischen Lage in besonderem Maße. Und daher finden sich hier auch ein paar Skurrilitäten, die auf den ersten Blick oder auf das erste Hinhören nun wirklich nicht verständlich sind. Dabei hilft Ihnen aber dieses Buch.

Nebenbei können Sie Dinge erlesen, die Sie nicht gewusst haben, nach denen Sie sicherlich auch nicht gesucht hätten. Es gibt zwischen Ost- und Westküste, auf den Inseln und im Binnenland ebenso viele Besonderheiten zu bestaunen wie auf Korsika oder Sardinien. Aber genau das macht den Klookschieter ja aus: Er weiß möglicherweise nutzlose Dinge. Nur denkfaul und stumpfsinnig ist er nicht. Hinter manch vermeintlich nutzlosem Wissen erfährt man ja doch etwas, das interessant ist oder zumindest zum Schmunzeln anregt.

Überhaupt: Lesen Sie dieses Buch mit Humor! Es ist nichts für spaßfreie Theoretiker, sondern es ist etwas für Menschen, die sich für andere Menschen interessieren. Und ungewöhnliche Menschen sowie Merkwürdigkeiten kann dieses Land zuhauf bieten. Machen Sie Ihr persönliches Klookschieter-Diplom, wenn Sie dieses Buch bis zur letzten Seite gelesen haben. Und sollten Sie schon ein Klookschieter sein – die Klookschiederei kann man immer noch steigern.

Stefan Hans Kläsener
Chefredakteur sh:z

A

Ackerschnacker

Treffender geht's kaum: „Ackerschnacker" ist das → *platt-deutsche* Wort für Mobiltelefon (schnacken = reden), eine echte Alternative für alle, denen das Wort „Handy" zu nichtssagend und „Mobiltelefon" zu umständlich ist. Die Bezeichnung Ackerschnacker wurde allerdings nicht mit der digitalen Kommunikationstechnik im Hosentaschen-format geboren, sondern tauchte davor schon als Name für Feldfernsprecher auf.

Alkoven

Als es noch keine dreifach verglasten Fenster, gedämmte Hauswände und Zentralheizung gab, hat der Alkoven

Die gute Stube im Friesenmuseum Niebüll-Deezbüll mit Alkoven

beste Dienste geleistet, um es sich trotz Eiseskälte in der Nacht ein wenig mollig zu machen. Die schrankähnliche Bettnische war in vielen Bauernhäusern an der warmen Küchenwand der Wohnstube eingebaut und diente als Schlafstätte und Rückzugsort. Schließlich haben sich damals auch viele Menschen einen Raum teilen müssen. Im Alkoven fand man Ruhe und etwas Privatsphäre, geschlafen wurde halb sitzend. Das Wort ist allerdings nicht → *plattdeutsch* oder → *friesisch*, sondern stammt aus dem Arabischen.

Angeln

Nein, jetzt kommt nicht das Ding mit den Fischen. Angeln ist eine Region in Schleswig-Holstein im Kreis Schleswig-Flensburg. Umgeben ist die Halbinsel von der Flensburger Förde im Norden und der Schlei im Süden, wo Angeln an Schwansen grenzt. Die beiden Landschaften werden auch gerne in einem Atemzug genannt. Die Bewohner nennen sich je nach Ort Angelner oder Angeliter. Sie blicken auf eine jahrtausendealte Tradition zurück. Der germanische Volksstamm fand im Jahr 98 n. Chr. erstmals Erwähnung. Die Region blieb bis zur großen Völkerwanderung die Heimat der Angeln. Später wanderten sie nach Britannien aus und gründeten England (= Land der Angeln) mit. Nach dem Jahr 600 wurde die Landschaft dann durch Dänen und Jüten (also → *Wikinger*) besiedelt. Die Städte Kappeln und Glücksburg (→ *Glück*) sowie Teile von Flensburg und Schleswig liegen in der Region. Auch → *Arnis*, Deutschlands kleinste Stadt, ist in Angeln. → *Schnüüs* ist etwas Typisches aus Angeln.

Arnis

Arnis ist die kleinste Stadt Deutschlands. Das gilt sowohl für die Einwohnerzahl als auch für die Fläche. Über die Anzahl der Bewohner findet man unterschiedliche Angaben. Selbst offizielle Stellen nennen verschiedene Zahlen: So vermeldet das Einwohnermeldeamt Kappeln-Land 275, während das Statistische Landesamt Nord 287 Einwohner für das Jahr 2014 anzeigt. Sie leben auf einer Fläche von 0,45 Quadratkilometern. Die Stadtrechte verdanken die Bürger dem ehemaligen Bürgermeister Peter Holstein. Der kleine Ort galt nach seiner Gründung im Jahr 1667 als sogenannter Flecken. Im Zuge der Gebietsreform 1934 durch die Nationalsozialisten setzte Bürgermeister Holstein durch, aus dem Flecken Arnis eine Stadt zu machen. Arnis liegt auf einer Halbinsel an der Schlei in der Landschaft → *Angeln* im Kreis Schleswig-Flensburg. Bekannt wurde der Fischer- und Schifffahrtsort nicht nur als kleinste Stadt Deutschlands, sondern auch als einer der Drehorte für die beliebte Langzeit-TV-Serie „Der Landarzt". Das führte auch zu einem touristischen Ansturm, der jährlich 12 000 Übernachtungen mit sich brachte. Heute sind es immerhin noch 3998.

www.arnis.de

Austern

Die „Sylter Royal" ist kein gekröntes Haupt, sondern die einzige in Deutschland gezüchtete Auster. Seit 1986 wächst sie in Aquakulturen in der Nordsee vor der Insel Sylt und wird von hier aus als Delikatesse in die ganze Welt geschickt. Ihre Geschichte ist aber viel älter, denn die

Von hier kommt die Sylter Royal: Austernbänke im Watt von List/Sylt.

Austernfischerei auf den nordfriesischen → *Inseln* hat eine über 1000-jährige Tradition. Die vielen verschiedenen Arten und Familien der Muschel gibt es schon seit mehr als 250 Millionen Jahren. Den größten Anteil nimmt dabei die Pazifische Felsenauster ein. Sie spielt auch die Hauptrolle auf Sylt, da die heimische Europäische Auster dort ausgestorben ist. Nach 50-jähriger Pause wurde die Zucht 1986 von Dittmeyer's Austern Compagnie in Aquakulturen in der Blidselbucht im Lister Wattenmeer wieder aufgenommen. Die kleinen Baby-Austern werden vorwiegend in Irland erworben. Die jungen Muscheln werden dann in grobmaschige Säcke gepackt und im Wattenmeer auf Stahltische gelegt, wo sie drei Jahre lang wachsen. Im Winter mit Eisgang in der Nordsee ziehen sie um in Meereswasserbecken, denn zu kalt mögen sie es nicht. Wenn sie ihre endgültige Größe erreicht haben, landen sie unter dem Namen „Sylter Royal" in Restaurants und Delikatessengeschäften in ganz Deutschland und im Rest der Welt. Etwa eine Million Exemplare werden von den begehrten Schalentieren jährlich geerntet. Auf Sylt ist nicht nur die einzige Austern-Aufzuchtstation in Deutschland, sondern auch die nördlichste weltweit. Beim Namen Dittmeyer darf es gerne Klick machen, denn Austernzüchter Clemens Dittmeyer ist der Sohn von Rolf H. Dittmeyer, der als „Onkel Dittmeyer" mit seiner Orangenplantage einer ganzen Generation von Fernsehzuschauern bekannt wurde. Nach dessen Tod übernahm Clemens auch den Obstbereich des Unternehmens. Das Händchen für sensible Früchte liegt also eindeutig in der Familie.

B

Bagaluten

„Hey ihr Bagaluten!" So angesprochen zu werden ist nicht immer schmeichelhaft. Bagaluten sind Typen zwischen Gut und Böse. Also nicht ganz schlimm, aber eben so ein bisschen. Anders ausgedrückt handelt es sich um Rüpel, Flegel, Halunken oder Schufte. Bekannter wurde der Begriff hierzulande, weil sich die Mitglieder der Band Torfrock als Bagaluten bezeichneten. Auch Kinder werden schelmisch-liebevoll Bagaluten genannt. Den Ursprung des Begriffs vermutet man – wie so oft – in der Seemannssprache.

Barlach, Ernst

Der Bildhauer, Zeichner und Schriftsteller Ernst Barlach, einer der bedeutendsten Vertreter des deutschen Expressionismus, ist durch und durch ein Kind des Nordens. 1870 wird er im holsteinischen Wedel geboren, der Vater, ein Arzt, zieht mit der Familie erst ins mecklenburgische Schönberg, 1877 dann ins lauenburgische Ratzeburg, „wo das schöne Wasser war", wie Barlach später in „Ein selbsterzähltes Leben" schreibt. Zunächst wohnt die Familie in einem Haus an der Seestraße, bald danach zieht sie ins „alte Vaterhaus", das heute das Ratzeburger Ernst Barlach Museum beherbergt. Nach dem Kunststudium in Hamburg und Dresden, zwei Jahren in Paris, Aufenthalten in Thüringen, Hamburg und Berlin zieht er, nun freischaffender Künstler, vorerst zurück in seine Geburtsstadt Wedel.

1915 meldet Ernst Barlach sich freiwillig zum Kriegsdienst und wird zum Landsturm nach Sonderburg (seit 1920 dänisch, → *Dannebrog*) einberufen; den Krieg und seine Folgen verarbeitet er in plastischen und grafischen Werken.

Ernst Barlachs Verhältnis zum Nationalsozialismus ist ambivalent. Wenige Tage vor deren „Machtergreifung" 1933 steht er öffentlich in seiner Rede „Künstler zur Zeit" gegen Einengung und ideologische Beschneidung auf. Er bezieht Stellung gegen den Ausschluss von Käthe Kollwitz und Heinrich → *Mann* aus der Preußischen Akademie der Künste und lehnt die Einladung, Vorstandsmitglied im nationalsozialistischen Künstlerbund zu werden, ab. Während Angriffe gegen ihn und seine Kunst immer heftiger werden, bekundet Barlach im „Aufruf der Kulturschaffenden" 1934, zusammen unter anderem mit Emil → *Nolde*, die Zugehörigkeit zu „des Führers Gefolgschaft". Als Barlach 1938 mit 68 Jahren in Rostock an einem Herzinfarkt stirbt, hat die Reichskammer der bildenden Künste ihn mit Ausstellungsverbot belegt und sind an die 400 seiner Arbeiten als „entartete Kunst" aus öffentlichen Sammlungen entfernt. Ernst Barlach ist neben seinem Vater auf dem Domfriedhof Ratzeburg beigesetzt. Seine Werke sind in Schleswig-Holstein (und in Hamburg) gegenwärtig, in Kiel mit dem „Geistkämpfer" vor der Nikolaikirche am Alten Markt; in Lübeck mit lebensgroßen Skulpturen in Fassadennischen der Katharinenkirche an der Königstraße und natürlich mit den von der Ernst Barlach Gesellschaft Hamburg e. V. getragenen Museen in Wedel und in Ratzeburg.

Schleswig-Holstein: Ernst Barlach Museum Wedel und Ernst Barlach Museum Ratzeburg (gemeinsamer Internetauftritt: www.ernst-barlach.de)

Hamburg: Ernst-Barlach-Haus – Stiftung Hermann F. Reemtsma (www. ernst-barlach-haus.de)

Mecklenburg-Vorpommern: Ernst Barlach Stiftung Güstrow (www.ernst-barlach-stiftung.de)

Baumschulen

Kaum Wald, aber jede Menge Bäume: Obwohl der Kreis Pinneberg mit nur 5,9 Prozent Waldgebiet zu den waldärmsten Regionen im ohnehin waldarmen Schleswig-Holstein gehört, wachsen hier mehr Bäume, Sträucher und Blumen als anderswo im Land. 4200 Hektar des insgesamt 66 428 Hektar großen Kreises bilden nämlich das größte zusammenhängende Baumschulgebiet Europas (und, soweit bekannt, sogar der ganzen Welt).

Die Wurzeln der grünen Vielfalt stecken im 18. Jahrhundert, begannen 1737 mit einer fürstlichen → *Knick*-Verordnung, gingen 1785 über zur Gründung einer „Praktischen Hilfsanstalt zur näheren Kenntnis der einheimischen und fremden Holzgewächse" in Kiel und wuchsen sich 1795 zur ersten Baumschule der Region aus, die vom Hamburger Kaufmann Caspar Voght im damals zum Kreis Pinneberg gehörenden Klein Flottbek gegründet wurde. Betriebsleiter dieser Baumschule und Motor der weiteren Entwicklung war der schottische Gärtner James Booth, der die „ornamented farm" für Caspar Voght angelegt hat (ein Teil dieses Musterguts war der Jenischpark in Hamburg-Othmarschen). Heute liefern mehr als 430 Betriebe ihre lebenden Erzeugnisse in die ganze Welt.

Wie das einst war und was heute los ist im Baumschulgebiet, wird im Deutschen Baumschulmuseum – dem einzigen seiner Art im deutschsprachigen Raum – in der
Kreisstadt Pinneberg erklärt.

*Deutsches Baumschulmuseum, Halstenbeker Straße 29,
25421 Pinneberg, www.baumschulmuseum.de*

Bernstein

Gold liegt in Schleswig-Holstein nicht auf der Straße, sondern am Strand. Der Bernstein nämlich – das Gold des
Meeres – wird an Nord- und Ostseestrände zwischen
Tang, Muschelschalen, Holz und Steine gespült. Dumm
nur, dass nicht in der warmen Sommersonne mit den besten Funden zu rechnen ist, sondern dann, wenn das Salzwasser kalt ist, denn dann besitzt es eine große Dichte und
der Bernstein treibt nach oben. Die besten Aussichten, ihn
zu finden, hat man nach Stürmen mit auflandigen Win-
den.

Aber wieso überhaupt „Stein"? Bernstein ist versteiner-
tes Harz urzeitlicher Bäume, die vor 40 bis 50 Millionen
Jahren im nördlichen Europa wuchsen, und er kann
schweben – zwar nicht in Nord- oder Ostseewasser, wohl
aber in einem starken Salzgebräu (drei Esslöffel Koch-
salz aufgelöst in einem Viertel Liter Wasser); ein Kiesel-
stein würde darin versinken. Die Salzwasserprobe ist
dann auch eine der Methoden, einen Bernstein auf seine
Echtheit zu prüfen. Eine weitere, allerdings zerstöreri-
sche ist die Feuerprobe: Echter Bernstein ist brennbar,
eine helle, rußende Flamme hinterlässt einen harzigen
oder teerigen Geruch – anders als zum Beispiel süßlich
verbrennender Kunststoff. Die Brennbarkeit hat dem
Meeresgold auch zu seinem Namen verholfen: „Bernen"
oder „börnen" sind niederdeutsche Wörter für brennen.

Der griechische Name – Elektron – weist auf eine weitere Eigenart hin: Reibt man einen Bernstein am Wollpullover, sollte er danach Papierschnipselchen anziehen können.

Ein Naturbernstein ist inmitten anderen Strandguts für ungeübte Augen nicht leicht auszumachen. Von weißlich- über honiggelb bis braun, manchmal rötlich, selten sogar in Grüntönen oder schwärzlich kann er vorkommen. Seine Schönheit offenbart er meist erst nach Schliff und Politur.

Die Faszination des goldenen Steines ist so alt wie die Freude an schönen Dingen. In der Bronzezeit wurde er schon von der Ostsee in den Mittelmeerraum transportiert und bis heute werden ihm heilende Kräfte zugeschrieben. Kleinkindern soll eine Bernsteinkette beim Zahnen helfen.

Wo Sammler fündig werden

An der Nordsee auf Amrum, Föhr, Pellworm und am Strand von Sankt Peter-Ording, an der Ostsee in der Lübecker Bucht von Timmendorfer Strand bis Pelzerhaken.

Aber Vorsicht! Phosphorklumpen sehen Naturbernsteinen manchmal gefährlich ähnlich. Diese Überreste von Brandbomben werden immer wieder an Ostseestrände gespült. Sie sind hoch entzündlich und verursachen schwere Brandverletzungen. Am sichersten ist es, Strandfunde nicht am Körper oder in brennbaren Behältern zu transportieren.

Biikebrennen

Immer am 21. Februar eines jeden Jahres brennen an der Westküste und auf den nordfriesischen → *Inseln* und → *Halligen* die Biikefeuer. In diesen Regionen haben die Feuer eine jahrhundertealte Tradition und große Bedeutung. Die Schulkinder haben frei und Feste werden gefeiert. Das Wort „Biike" ist → *friesisch* und heißt Feuerzeichen. Der Ursprung geht weit bis in heidnische Zeiten zurück. Die Feuer huldigten dem Germanen-Gott Wotan, auf dass er den Winter ziehen lasse und den Frühling bringe. Die Feuer sollten auch böse Geister vertreiben und Erntesegen bringen. Um die Ernsthaftigkeit des Anliegens zu belegen, gaben die Insulaner eines der kostbarsten Güter – Feuerholz. In den Anfängen waren die Biikefeuer aber noch bedeutend kleiner als heute üblich.

Biikefeuer in der Petrinacht

Seit dem 17. Jahrhundert dienten die Feuer zur Begrüßung der holländischen Walfangflotten und damit auch den auslaufenden Walfängern, Seeleuten und Kapitänen von den Inseln und Halligen als Abschiedsgruß. Mit den großen Feuern gaben die Frauen ihren Männern weithin sichtbares Geleit. Der 21. Februar ist zudem der Vorabend des Petritags und gleichzeitig Beginn der jährlichen Walfangsaison. Am Petritag wurde auch Gericht gehalten, bei dem man wichtige rechtliche Angelegenheiten regeln konnte, bevor man sich auf die gefährliche Seereise begab. Heute wird das Spektakel gern in Kombination mit einer deftigen Grünkohl-Mahlzeit und Schnaps angeboten. In den riesigen Feuern lodern ausgediente Weihnachtsbäume und Strauchschnitt, die eigens für diesen Zweck gesammelt wurden. Und weil es so nett ist, auf diese Art den Winter zu vertreiben, und als Touristenmagnet brennen mittlerweile auch in anderen Regionen in Schleswig-Holstein die Biikefeuer. Seit 2014 ist der Brauch in das Verzeichnis des immateriellen Kulturerbes Deutschlands aufgenommen worden.

Birnen, Bohnen, Speck

Die ursprüngliche bäuerliche schleswig-holsteinische Küche kommt unkompliziert, deftig und mit interessanten Komponenten daher. Gern wird süß mit pikant kombiniert – das führt zu einem Geschmackserlebnis, das „Broken Sööt" (gebrochene Süße) genannt wird. Dazu gehört mit Sicherheit auch der Genuss von Grünkohl mit zuckerbestreuten oder karamellisierten Kartoffeln. Jetzt geht es aber erst einmal um „Birnen, Bohnen und Speck", einen Eintopf, der aufgrund seiner Bestandteile vorwiegend von August bis September gegessen wird. Der Name verrät die Zutaten. Aber bereits bei der Birne wird es speziell, denn es müssen kleine, grüne feste Kochbirnen sein. Diese Kochbirnen werden etwa drei Monate geerntet und schmecken nur in gekochter Form. Sie geben dem Traditionsgericht die Süße. Als pikantes Gegenstück kommt der Speck daher, der entweder als durchwachsener, geräucherter Bauchspeck oder als geräucherte Schweinebacke eingesetzt wird. Die ausgleichenden Mittelspieler sind Bohnen und die nicht im Gericht aufgezählten Kartoffeln. Die Zubereitung ist simpel. Zuerst wird der Speck in einem großen Topf mit heißem Wasser zum Kochen gebracht. Derweil werden die Bohnen geputzt und hinzugegeben. Je nach Vorliebe kommt ein Zweiglein Bohnenkraut hinzu. Die Kochbirnen kommen mit Schale und Stiel auf das Bohnennest und garen fein mit. Die Kartoffeln werden separat zubereitet. Zum Schluss wird der Eintopf mit einer Mehlschwitze leicht angedickt und mit Salz und Pfeffer abgeschmeckt. Varianten gibt es mit Brühe oder frischer Petersilie. Bekannt ist der deftige Eintopf regional auch unter den → *plattdeutschen* Namen „Beer'n, Boh'n un Speck", „Grööner Hein", „Grönen Heini" und „Gröön Hinnerk".

Blanker Hans

Wenn der „Blanke Hans" sich in seiner ganzen Gewalt zeigt, dann herrscht entlang der nordfriesischen Küste höchste Alarmbereitschaft. Der Begriff ist ein Synonym für die tosende Nordsee bei Sturmfluten, wenn die Wasserstände gefährlich hoch auflaufen. Deichbrüche, Überschwemmungen und „Land unter" auf den → *Halligen* drohen in den betroffenen Gebieten. Die Herkunft des Begriffs ist unbekannt. Abgeleitet wird er aber von dem Wort „blank" (= weiß, nackt). In seiner nordfriesischen Chronik von 1666 erwähnt Autor Anton Heimreich den → *Deichgrafen* von Risum, der nach der Errichtung eines neuen Deiches „Trotz nun blanke Hans" Richtung Nordsee gerufen haben soll. Genützt hat dieser Wunsch wenig, denn bei der Burchardiflut im Oktober 1634 (→ *Mandränke*) brach der Damm. Den Blanken Hans einer großen Öffentlichkeit bekannt machte der in Kiel geborene

Brandung vor Wittdün/Amrum

Lyriker Detlev von Liliencron 1882/83 mit seiner Ballade „Trutz, blanke Hans" über den Untergang von → *Rungholt*.

Boßeln

Man nehme eine mit Blei gefüllte Kugel aus Hartholz oder Kunststoff, schleudere sie mit Anlauf gekonnt in eine vorgegebene Richtung und gebrauche möglichst wenige Versuche, um eine festgelegte Strecke zu überwinden. Das ist Boßeln, in einigen Regionen auch Klootschießen genannt. Das kommt vom niederdeutschen Wort „Kloot" oder „Klut" für Klumpen. Boßeln kann man sowohl im Einzelwettkampf als auch als Mannschaftsspiel. Geboßelt wird in vielen Teilen Europas. Hochburgen in Deutschland sind Ostfriesland und Oldenburg. In Schleswig-Holstein gilt es in den Landesteilen Dithmarschen und Nordfriesland als Nationalsport mit Wettkämpfen und Punktspielbetrieb. Ursprünglich wurde nur im Winter geboßelt, wenn die Landbevölkerung Zeit hatte und die Felder frei waren. Im Freizeitbereich wird heute das ganze Jahr auf Wiesen, Wegen und Straßen gespielt. Der reguläre Punktspiel-

Beim Boßeln muss die Kugel mit wenigen Würfen über eine möglichst weite Strecke geworfen werden.

betrieb läuft von September bis März, die nationalen und internationalen Meisterschaften sind meistens im Mai. Friesische Auswanderer brachten das Spiel in die ganze Welt.

Brahms, Johannes

Brahms? In Schleswig-Holstein? Musikliebhaber wissen es aus dem Effeff: Johannes Brahms ist zwar 1833 in Hamburg geboren und 1897 in Wien gestorben, Lübeck aber ist eine Brahms-Hauptstadt, hier ist der Sitz des renommierten Brahms-Instituts, hier wird der Musiker jedes Jahr mit dem Brahms-Festival gefeiert.

Den Hut in der Hand, die Jacke selbstvergessen am Boden schleifend, gerade so, als hätte er nichts als Musik im Kopf, steht Brahms am südlichen Ufer der Obertrave in Lübeck in Bronze gegossen. Er stammt aus einer Bauern- und Handwerkerfamilie, die von 1819 bis 1887 ein Haus in Heide besaß, das heute als Brahms-Haus Heide neben dem Lübecker Brahms-Institut, dem Brahms-Museum in

Hamburg und dem Brahmshaus in Baden-Baden eines von vier diesem Musiker gewidmeten deutschen Museen ist. Seine Kindheit verbringt Johannes Brahms in einem ziemlich schäbigen, 1943 zerstörten Haus im Hamburger Gängeviertel, sein Vater ist bis dahin einziger Musiker in der Familie, spielt Kontrabass und Horn, lässt seinem siebenjährigen Sohn ersten Klavierunterricht erteilen. Der Weg in den Weltruhm hat begonnen.

Das Brahms-Institut gehört zur Musikhochschule Lübeck, der einzigen Musikhochschule des Landes Schleswig-Holstein, das wiederum entscheidende Schützenhilfe beim Institutsaufbau leistete: Eine Verkettung glücklicher Umstände, die ihre Wurzeln in der weltweit größten privaten Brahms-Sammlung von Renate und Kurt Hofmann haben, die wiederum 1991 vom Land Schleswig-Holstein für ein Brahms-Institut der Musikhochschule erworben und seitdem kräftig aufgestockt werden konnte.

Im akademischen Elfenbeinturm wollte dieses Institut nie sitzen. Die Sammlung gehört dem Land und damit den Bürgern, ist die Devise. Sitz der Musiker-Schätze ist eine Villa am Lübecker Jerusalemsberg. Autografe, Stichvorlagen, Erst- und Frühdrucke, Fotografien, Briefe, Büsten, Brahms' Adressbruch, eine Locke des Komponisten, Rauchutensilien, ein Taktstock sind von jedermann zu besichtigen und jedes Jahr zu einer neuen Ausstellung arrangiert. Fast 50 000 Einzelseiten sind auch digital abrufbar, darunter Fotografien und Briefe, zum Beispiel an seine verehrte Freundin, die Pianistin Clara Schumann.

Brahms-Institut an der Musikhochschule Lübeck,
Jerusalemsberg 4, 23568 Lübeck, www.brahms-institut.de.
Geöffnet Mi + So (während des Festivals täglich)
14–18 Uhr, Eintritt frei

Brandt, Willy

Lübeck, St. Lorenz-Süd, Meierstraße 16. In diesem Arbeiterviertel wird unter dem Namen Herbert Frahm am 18. Dezember 1913 der spätere Bundeskanzler und Friedensnobelpreisträger Willy Brandt geboren. Seine Mutter ist die ledige Verkäuferin Martha Frahm, sie lässt den Jungen im Februar 1914 in der Kirche St. Lorenz am Steinrader Weg beim Hauptbahnhof taufen. Die Mutter hat wenig Zeit für den Jungen, die Betreuung und Erziehung übernimmt der Stiefgroßvater, ein in der Sozialdemokratie verwurzelter Mann.

Die Zeiten sind unruhig, die wirtschaftlichen Verhältnisse schwierig: Erster Weltkrieg, Revolution, Weimarer Republik. Herbert Frahm ist ein guter Schüler; weil ihm das Schulgeld erlassen wird, kann er das Gymnasium Johanneum zu Lübeck besuchen, wo er 1932 sein Abitur ablegt. Berufswunsch: Journalist. Politisches Interesse zeigt er bereits als Pennäler, wird mit 16 SPD-Mitglied, schreibt für den „Lübecker Volksboten". 1931 wechselt Frahm zur Sozialistischen Arbeiterpartei Deutschlands (SAP), die Sozialdemokratie, so sein Vorwurf, trete nicht ausreichend für ihre Ziele ein. Statt eines Studiums beginnt er im Mai 1932 ein Volontariat bei der Lübecker Schiffsmaklerfirma, Reederei und Spedition F. H. Bertling KG.

Herbert Frahm ist 19 Jahre alt, als die Nationalsozialisten am 30. Januar 1933 an die Macht kommen. Unter dem Decknamen Willy Brandt geht er in den Widerstand, flieht nach Dänemark, dann nach Oslo und, als deutsche Truppen Norwegen besetzen, weiter nach Schweden, wo er von der norwegischen Exilregierung die norwegische Staatsbürgerschaft erhält. Am 1. Juli 1948 wird er von der schleswig-holsteinischen Landesregierung auch wieder die deutsche Staatsbürgerschaft erhalten.

1944 tritt Willy Brandt wieder in die SPD ein. Im November 1945 kommt er nach Deutschland zurück, um aus Nürnberg vom alliierten Prozess gegen die Hauptkriegsverbrecher zu berichten. Er bleibt. Lübeck allerdings empfindet er bereits bei einem Besuch 1946 als recht „eng", und so kann ihn auch die Aussicht auf eine Kandidatur um ein Bürgermeisteramt an der Trave nicht reizen. Lieber folgt er einem Ruf aus Berlin. Und doch bleibt der Bundeskanzler (1969 bis 1974) und SPD-Vorsitzende (1964 bis 1987) der Hansestadt treu. Bis seine Mutter 1969 stirbt, kommt er regelmäßig mit Familie zu Besuch. Auch Wahlkämpfe schließt er stets mit einer Kundgebung in Lübeck ab. Und am Ende seines Lebens will er seine „Mutterstadt" noch einmal sehen. Die hat ihn 1972 – nach einigem politischen Gezänk – mit der Ehrenbürgerwürde geehrt.

1994, zwei Jahre nach seinem Tod, wird in Lübeck eine Außenstelle der in Berlin ansässigen Bundeskanzler-Willy-Brandt-Stiftung eröffnet. Angeregt hat diese Gedenkstätte Literaturnobelpreisträger Günter → *Grass*, politischer Weggefährte Brandts, der den damaligen Bundeskanzler Gerhard Schröder für seine Idee gewinnen konnte. Die Stadt Lübeck stellte dafür ein Patrizierhaus an der Königstraße zur Verfügung.

Willy-Brandt-Haus, Königstraße 21, 23552 Lübeck,
www.willy-brandt.de. Eintritt frei

Brasilien und Kalifornien

Eine kleine Autofahrt von, je nach Standort in Schleswig-Holstein, 30 bis 60 Minuten dauert es, und man erreicht Brasilien. Von da aus führt ein Fußweg nach Kalifornien. Wie bitte? Wenn Sie jetzt glauben, dass es mit den geografischen Kenntnissen der Autorinnen nicht weit her sein kann, können wir Sie beruhigen. Den Spaß kann man sich allerdings nur mit denen erlauben, die noch nie von den beiden Strandabschnitten mit den exotischen Namen gehört haben. Brasilien und Kalifornien gehören zum Ostseebad Schönberg im Kreis Plön und liegen mit dem gleichnamigen Strandabschnitt Schönberg sowie Holm und Neuschönberg direkt nebeneinander. Sechs Kilometer feiner Sandstrand reihen sich zu verschiedenen Abschnitten vor dem Landesdeich aneinander. Und wie kommt es nun zu den ungewöhnlichen Namen? So wird es erzählt: Einst fand ein Fischer im Strandsand der Ostsee, nahe seiner Hütte, eine morsche Schiffsplanke, auf der „California" stand. Er nahm das Stück Holz mit und nagelte es an seine Haustür. Es dauerte nicht lange, da entdeckte ein anderer Fischer, der ganz in der Nähe, jedoch ein wenig östlicher am Strand wohnte, das Schild an der Tür seines Nachbarn. „Das, was du kannst, kann ich schon lange …", mag dieser Fischer wohl gedacht haben. Er griff in seine Brennholzkiste und suchte sich ein passendes Scheit heraus, auf das er sorgfältig das Wort „Brasilien" pinselte. Mit diesem Schild war fortan seine Haustür versehen und wurde neidvoll von den weniger kreativen Zeitgenossen bewundert. Und so blieb es bei diesen exotischen Namen. Schließlich entwickelten sich die Namen der Ortsabschnitte Schönbergs daraus. Zurzeit hat der Strandabschnitt Kalifornien 426 Einwohner, Brasilien nur 19.

Buhne 16

Die Insel Sylt war von jeher ein magischer Anziehungsort für Künstler, Intellektuelle, Lebenskünstler, Reiche und Schöne. Besonders im Inselort Kampen tummelte sich die feine Gesellschaft seit Beginn des 20. Jahrhunderts. Mit Beginn der 1960er-Jahre erlebte die Nacktbadegeneration ihr erstes Hoch. Befeuert durch die ebenfalls verstärkte

Berichterstattung in den Medien, wurde das Strandgebiet Buhne 16 zum legendären FKK-Abschnitt – was durch die Nutzung von Playboys wie Gunter Sachs und Co. kräftig angeschoben wurde, die dort wilde Partys feierten. Mit Nackten schockiert man heute niemanden mehr. Und die Buhne selbst wurde – wie alle ihre Schwestern – wegen erwiesener Nutzlosigkeit abgerissen. Geblieben ist die ebenso legendäre wie beliebte gleichnamige Strandbar. Prominente gibt es immer noch an Deutschlands teuerstem Wohnort. Aber sie feiern nicht mehr so laut und öffentlich.

Bungsberg

Auswärtige mögen sich die Augen über die Mitteilung reiben, dass das Land zwischen den Meeren mit dem 167,4 Meter hohen Bungsberg (seine Höhe wird meist auf 168 Meter aufgerundet) nicht nur die höchste Erhebung in Schleswig-Holstein, sondern auch das nördlichste Skigebiet Deutschlands zu bieten hat. Das liegt in der holsteinischen Schweiz zwischen Scheelholz und Mönchneversdorf, zwei Ortsteilen der Gemeinde Schönwalde am Bungsberg. Holsteinische Schweiz – allein der Name der Region verheißt hügelige Landschaft und – wenn die Sache mit dem Schneefall klappt – Winterfreuden. Zu verdanken haben wir die Erhebung der vorletzten Eiszeit; vor rund 10 000 Jahren sorgte die letzte Eiszeit dann dafür, dass aus der Erhebung ein Nunatak (= ein aus der Eisoberfläche aufragender Berg) wurde.
Zugegeben: Für süddeutsche Ohren mag die Bezeichnung Berg übertrieben klingen, im eher flachen Norden sorgt der Bungsberg aber ganzjährig für außergewöhnliche Vergnügungen. Zum Beispiel für einen Blick weit auf die Ostsee.

Nach oben kommt man entweder zu Fuß (1,5 Kilometer vom Parkplatz „Gläserland" an der L 216 bis zum gipfelnahen Rasthaus „Waldschänke") oder mit dem Auto, mit dem man direkt vor das Informationscenter fahren kann. Gleich hinter dem Center ist für Kinder ein Spielplatz mit Balancier-, Schaukel- und Klettergeräten eingerichtet, ein Pfeil auf einem Findling zeigt ein paar Schritte weiter den Weg zum Gipfel.

Attraktiver Aussichtspunkt ist auch die 42 Meter hoch gelegene Plattform des Fernmeldeturms südlich vom Gipfel. Die ist zwar nur über Treppen, dafür aber kostenlos zu erklimmen. Bei günstigem Wetter kann man von hier bis nach Mecklenburg-Vorpommern gucken. Im Schatten des Fernmeldeturms steht der 150 Jahre alte denkmalgeschützte, nicht zugängliche Elisabethturm.

Noch größere, weil im Norden rare Reize hat der Bungsberg in verschneiten Wintern zu bieten. Dann tummeln sich auf drei Pisten Rodler, Ski- und Snowboardfahrer. Die Abfahrt dauert bummelig 30 Sekunden. Ein Schlepplift bringt die Sportler auf den Gipfel. Nur Schnee genug muss eben liegen an der Ostsee.

Übrigens: Am Bungsberg entspringt der Fluss Schwentine, der 62 Kilometer durch die Holsteinische Schweiz, die Orte Eutin, Bad Malente, Plön und Preetz fließt, dem Schwentinental seinen Namen gibt und in Kiel in die Kieler Förde mündet.

www.erlebnis-bungsberg.de
www.waldschaenke-bungsberg.de

Bunte Kuh

Kein Geringerer als der Pirat Klaus → *Störtebeker* soll im Jahr 1401 mit seinen Kumpanen auf dem → *Hanse*schiff namens „Bunte Kuh" von → *Helgoland* nach Hamburg gebracht worden sein – besiegt vom Hamburger Kaufmann Simon von Utrecht, so behaupten es einige Geschichten. In anderen Erzählungen taucht sogar der Vitalienbruder Störtebeker als Kommandant des Schiffes auf, das eine → *Kogge* gewesen sein soll. Alles Legenden.

Sicher ist der Name. Als „bonte ko" taucht das Schiff in alten Kämmererbüchern auf, in denen die Ausgaben für Anschaffung und Unterhalt vermerkt sind. Aus deren Höhe schließen Historiker, dass es sich vermutlich um eine Schnigge (= offener schneller Segler, der berudert werden konnte) und nicht um eine Kogge gehandelt hat, die deutlich mehr Kosten verursacht haben müsste.

Richtig ist, dass die „Bunte Kuh" 1401 bei der Aktion gegen die Vitalienbrüder eingesetzt wurde. Weil die Hamburger genug hatten von Freibeuterübergriffen, hatten sie im Sinne ungestörten Seehandels Schiffe, Männer und Waffen finanziert.

Richtig ist auch, dass Simon von Utrecht sich zwar im Hamburger Kampf gegen Freibeuter verdient gemacht und auch am entscheidenden Gefecht gegen Störtebekers Vitalienbrüder teilgenommen hat, dies allerdings nicht als „Bunte Kuh"-Kommandant.

„Bunte Kuh" ist außerdem:
– der Name eines Restaurants auf Helgoland, das sich mit dieser Namensgebung auf die Geschichten um Klaus Störtebeker beruft, der die Hochseeinsel zum Piratennest erkoren haben soll;
– in der Schreibweise „Buntekuh" ein Stadtteil Lübecks. Ob sich die Ortsbezeichnung auf das Hanseschiff „Bunte Kuh" bezieht, ist nicht belegt.

C

Cismar

Wer Cismar hört, denkt an das Benediktinerkloster, das dem heute 800 Einwohner großen, zur ostholsteinischen Gemeinde Grömitz gehörenden Ort seinen Charme verleiht und tatsächlich auch sein Ursprung ist. Rund um die alten Klostergebäude ist es hier ruhig und idyllisch, ganz so, wie es wohl im Mittelalter gedacht war, als Lübecks Benediktinermönche hierher geschickt wurden – eine Einöde damals, fernab von den Verlockungen der Hansestadt. Oder war es doch ganz anders? Tatsache ist, dass die Mönche in Lübeck Wand an Wand mit Nonnen im Doppelkloster, dem Johanniskloster, lebten, Tatsache auch, dass sie nicht irgendwohin, sondern zu einer der Ländereien geschickt wurden, die dem Lübecker Konvent lange gehörten.

Aus Lübeck ins kaum christianisierte Wagrien – die Lübecker Mönche muss im angesichts solcher Aussichten das blanke Entsetzen gepackt haben. Wagrien, benannt nach dem westslawischen Volksstamm, der sich überhaupt erst zwei Jahrhunderte zuvor zum Christentum hatte bekehren lassen, bedeutet so viel wie „Die an den Buchten leben".

54,2 Kilometer, etwa 40 Autominuten, sind es heute von der Straße Bei St. Johannis in Lübeck bis zur Bäderstraße nach Cismar; vor 770 Jahren war das eine Reise in eine andere Welt. Mit enormer Energie nehmen die Mönche die Umwandlung von Wildnis in Kultur in Angriff. Bald stehen Klosterkirche und Klausurbauten mit Sakristei und

Kapitelsaal und dem Dormitorium im Ostflügel sowie Brunnenhaus – Lavatorium – und Speisesaal – Refektorium – im Südflügel. Mehr als 800 Reliquien, eine des Heiligen Blutes und ein Partikel aus der Dornenkrone Christi darunter, machen Cismar zum bedeutenden und wohlhabenden Wallfahrtsort. Das Wasser aus der 1249 für heilig erklärten Quelle im Keller des Brunnenhauses wird nicht nur für religiöse Handlungen, sondern auch als Trinkwasser genutzt und sorgt insbesondere für den wirtschaftlichen Kloster-Erfolg in der Landwirtschaft. Dann verändert die Reformation das Leben in Cismar. 1541 wird der katholische Gottesdienst verboten, 1560 der Konvent aufgelöst, 1561 gehen seine Besitzungen an die Herzöge von Schleswig-Holstein-Gottorf über.

Heute gehört das Kloster Cismar zur Stiftung Schleswig-Holsteinische Landesmuseen Schloss → *Gottorf*, seine Gebäude sind im Sommerhalbjahr Ort für wechselnde Ausstellungen und im Winter für Konzertveranstaltungen. Berühmt ist das Klosterfest Cismar am zweiten Wochenende im August.

An die Blütezeit der Benediktiner erinnert heute nichts so eindringlich wie der Altarschrein – ein kostbarer Rest des einstigen Klosterschatzes – mit mehr als 120 Einzelfiguren, der kurz nach 1300 in einer Lübecker Schnitzerwerkstatt entstand. In seinen Türmen stehen die Schutzpatrone des Klosters: Johannes der Evangelist, Maria mit dem Kind, Benedikt. Die Schriftstellerin Doris Runge, die hier im Weißen Haus lebt und arbeitet, schwört, dass der Geist der Mönche noch immer spürbar ist.

www.kloster-cismar.de
www.schloss-gottorf.de

D

Danewerk

Dänen, → *Friesen*, Sachsen und Slawen treffen vor 1000 Jahren in der Grenzregion zwischen Skandinavien und Mitteleuropa aufeinander. Der Handel floriert, sein Zentrum und der Verkehrsknotenpunkt ist die → *Wikinger*-Siedlung Haithabu am Ende der Schlei, nahe des legendären → *Ochsenwegs*. Hier durfte Wohlstand vermutet werden und der weckt seit jeher Begehrlichkeiten, die mit einem Schutzwall, dem Danewerk, eingedämmt werden sollten.

Ein Archäologe und früherer Direktor des Museums Sønderjylland hat die Bedeutung des Danewerks einmal auf eine griffige Formel gebracht: „Das ist unsere chinesische Mauer." Tatsächlich gilt der frühmittelalterliche Befestigungswall Danewerk bei Schleswig als das größte Bodendenkmal Nordeuropas und größtes Denkmal der Wikingerzeit. Zwischen den Jahren etwa 650 und etwa 1200 wurden auf einer Länge von rund 30 Kilometern eine Reihe von Wällen angelegt, mit denen die dänischen Könige die Südgrenze ihres Reiches und zugleich den Handelsweg zwischen Nord- und Ostsee sicherten. Zum Danewerk gehören neben den Erdwällen mit Wehrgräben eine Ziegelsteinmauer, zwei mittelalterliche Wallburgen und das Schlei-Seesperrwerk. Die Namen der Abschnitte vom Westen aus betrachtet: Krumm-, Haupt-, Nord-, Verbindungs- oder Margarethenwall; an diesen anschließend der Halbkreiswall von Haithabu, südlich davon der Kograben und im Osten der Ostwall.

Bei Grabungen (älteste Funde sind auf das 5. Jahrhundert datiert) wurden Reste des Unterbaus einer Straße sowie der Anfang der sogenannten Waldemarsmauer entdeckt, einer Ziegelmauer aus dem 12. Jahrhundert.

Im Ersten Schleswig-Holsteinischen Krieg (1848 bis 1851) reaktivierten die Dänen die alte Wikingerfestung. Im Deutsch-Dänischen Krieg (1864) war sie zur linearen Feldstellung umgebaut.

Das Danevirke Museum (Ochsenweg 4, 24867 Danne-werk), das auch den in unmittelbarer Nähe gelegenen archäologischen Park Danewerk mit seinen Sehenswürdigkeiten Hauptwall mit Tor zum Norden, Ruine der Ziegelsteinmauer, Festung Tyraborg, Grabhügel am Ochsenweg betreut, bietet Führungen und Wanderungen am Befestigungswall entlang an.

www.danevirkemuseum.de

Im Stadtmuseum Schleswig (Friedrichstraße 9–11, 24837 Schleswig) sind in der Dauerausstellung „Sliesthorp-Haithabu-Schleswig" mittels zweier Touchscreen-Bildschirme Haithabu und Danewerk zu erkunden.

www.stadtmuseum-schleswig.de

Dannebrog

Mal dänisch, dann deutsch – weite Teile Schleswig-Holsteins blicken auf eine bewegte Geschichte zurück (→ *Schleswig-Holstein, meerumschlungen; Up ewig unge-deelt*). 1386 einigten sich Dänen und Deutsche, das dänische Fürstentum Schleswig mit der deutschen Grafschaft Holstein unter einem Landesherrn zu vereinigen. Erst regierten die deutschen Grafen von Schauenburg beide Landesteile (bis 1460), dann König Christian I. von Dänemark. 1474 erhob der deutsche Kaiser Friedrich III. Holstein zum Herzogtum, 1773 regierte mit Christian VII.

wieder ein Däne beide Landesteile. Und eigentlich kamen Deutsche und Dänen bis zum Erstarken des Nationalismus im 19. Jahrhundert recht gut miteinander aus. Nun aber gab es dänische Begehrlichkeiten, das Herzogtum Schleswig betreffend, was zur Schleswig-Holsteinischen Erhebung von 1848 und 1864 zum Deutsch-Dänischen Krieg führte. 1866 wurde Schleswig-Holstein zur preußischen Provinz, die wiederum 1876 um das Herzogtum Lauenburg erweitert wurde. Wer im Land das Sagen hatte, wechselte nach dem Ersten Weltkrieg. Die heutige Grenzziehung entstammt einer Volksabstimmung im Jahr 1920, seitdem gibt es nördlich der Grenze eine deutsche Minderheit, südlich der Grenze eine dänische.

Längst wird die deutsch-dänische Nähe, die einst zu Konflikten führte, wieder als Bereicherung gehegt. An der nördlichen Landesgrenze ist Dänisch neben Deutsch zu Hause, die Politik in Schleswig-Holstein gestaltet der Südschleswigsche Wählerverband SSW (dänisch: Sydslesvigsk Vælgerforening), eine regionale Partei der dänischen Minderheit, mit, und natürlich ist auch der Dannebrog, die dänische Flagge, zu sehen. Das weiße Kreuz auf rotem Grund lässt sich bis ins 14. Jahrhundert zurückverfolgen und ist damit eine der ältesten Flaggen der Welt.

Die etwa 50 000 Angehörigen der dänischen Minderheit mit deutscher Staatsangehörigkeit leben vor allem in der Grenzstadt Flensburg, den Kreisen Nordfriesland und Schleswig-Flensburg sowie im nördlichen Teil des Kreises Rendsburg-Eckernförde. Neben der dänischen Minderheit leben außerdem etwa 6000 dänische Staatsbürger in Schleswig-Holstein. Jeweils im Mai oder Juni organisiert der Südschleswigsche Verein das Jahrestreffen der dänischen Minderheit, die Årsmøde.

Deichgraf

„Hochwasserschutzanlage! Befahren und Reiten verboten! Betreten auf eigene Gefahr!" Schilder mit solchen Aufschriften sind an Schleswig-Holsteins Deichen zu finden, die Mahnungen sind unterschrieben mit „Der Deichgraf". Wie das? Gibt es etwa Adlige, die über Erdwälle herrschen? Das nun doch nicht. Der Deichgraf – auch Deichhauptmann oder -vogt – steht einem Deichverband vor. Ein Deichverband wiederum kümmert sich genossenschaftlich um den Küstenschutz. Die Bezeichnung Deichgraf folgt der Tradition und nicht dem blauen Blut. Der berühmteste (allerdings fiktive) Deichgraf ist → *Hauke Haien* aus Theodor → *Storms* „Schimmelreiter".

Donnerkeile

An steinigen Küstenabschnitten finden Strandspaziergänger sie zuhauf: kleine abgebrochene, bernsteinfarbene Hülsen, die in ihrer Form an Patronen erinnern. Donnerkeile oder Teufelsfinger werden sie genannt. Es handelt sich um fossile Tintenfische, die in der Fachsprache „Belemniten" heißen. Sie gehörten zur Gruppe der Kopffüßer und lebten vor etwa 358 bis 65 Millionen Jahren. Vom Aussehen her ähnelten sie den heutigen Kalmaren mit zehn Fangarmen und Tintenbeutel, aber ohne Saugnäpfe. Donnerkeilen werden auch magische Kräfte zugeschrieben. Der Sage nach wurden sie vom germanischen Gott Thor mit seinem Hammer durch die Wolken geschlagen. Abergläubigen helfen sie gegen Blitzschlag und diverse Krankheiten.

Duckdalbe

Die oder der? Wenn es um Duckdalben bzw. Dalben geht, sind sich Nachschlagewerke beim Geschlecht nicht einig – und auch nicht darin, ob Duk- oder Duckdalbe richtig ist. Im Plural wird jedenfalls bei beiden ein „n" angehängt und ebenfalls sicher ist, dass es um Pfähle geht, die in Hafenböden gerammt sind, damit Schiffe oder andere Schwimmkörper an ihnen befestigt werden können. Mit Dalbe wird dabei meist ein einzelner Pfahl bezeichnet, eine Duckdalbe dagegen besteht aus einem Bündel von Pfählen, meist sind es drei in Pyramidenform einander zugeneigte, die größere Haltekraft bieten als ein einzelner Pfahl. Einst ausschließlich aus Holz, bestehen diese Pfähle inzwischen immer häufiger aus deutlich haltbarerem Stahl. Woher der Name Duckdalben kommt, ist ungewiss. Vermutlich liegt die Wurzel im niederländischen „dieken" (norddeutsch „duken") für tauchen, neigen oder beugen und „dallen" oder „dollen" für Balken. Möglich, dass der berüchtigte spanische Statthalter der Niederlande, der dritte Herzog von Alba (Duc d'Alba), für „Duckdalben" Pate stand. Er soll solche Pfahlgruppen genutzt haben, um zusätzliche Schiffe in den Häfen der damals spanischen Niederlande unterzubringen.

E

Ekke Nekkepenn

Nordfriesland hat sein eigenes Rumpelstilzchen. Ekke Nekkepenn treibt sein Unwesen gern auf Sylt. Geschaffen und gezeichnet hat ihn der Sylter Heimatforscher, Grafiker und Volkskundler Christian Peter Hansen, der Mitte des 19. Jahrhunderts verschiedene Sagenüberlieferungen zu dieser Figur zusammenfügte. Nach dem Vorbild des Grimmschen Märchens sät der auf dem Meeresgrund der Nordsee lebende Meermann Ekke Nekkepenn Zwietracht und treibt mit seinem Schabernack die Insulaner zum Wahnsinn. Seine Taten sind auch an anderer Stelle in der norddeutschen Literatur nachzulesen. So zündelt die Sagengestalt bei Theodor → *Storm* in der Novelle „Die Regentrude" als Feuermännlein.

Eiserne Lady

In Schleswig-Holstein ist sie tatsächlich aus Eisen – die Eiserne Lady, wie die über hundert Jahre alte Eisenbahnhochbrücke Rendsburg auch liebevoll genannt wird. Am 1. Oktober 1913 wurde sie feierlich eröffnet. 99 Jahre war die Stahlfachwerkkonstruktion mit 2,5 Kilometern die längste Eisenbahnbrücke Deutschlands. Diesen Titel musste sie an die Saale-Elster-Talbrücke bei Halle abgeben (8,6 Kilometer). Drei Jahre hat es gedauert, bis 17 000 Tonnen Stahl in 68 Metern Höhe über dem → *Nord-Ostsee-Kanal* verbaut waren. 3,2 Millionen Nieten halten das

Eisenbahnhochbrücke mit Schwebefähre über den Nord-Ostsee-Kanal

Ingenieurskunstwerk zusammen. 13,4 Millionen Gold-
mark hat der Spaß damals gekostet. Das entspricht heute
einer Bausumme von 67,7 Millionen Euro. Von 1993 bis
2014 wurde sie grundsaniert.Veranschlagte Kosten: 170
Millionen Euro. Ihren Dienst hat sie treu in all den Jahr-
zehnten vollbracht, doch immer wieder geriet die rüstige
Dame auch unrühmlich in die Schlagzeilen. Nicht schön
fanden die in der Nähe wohnenden Anlieger beispielsweise die Nutzung der Zug-WCs über ihren Kaffeetischen
und Wäscheleinen. Nach einer Klage wurde das vonseiten
der betreibenden Bahn eingestellt. Die unter der Brücke
befestigte Schwebefähre, die nur zwei Monate nach der
Brücke eröffnet wurde, ist seit einem schweren Unfall
2016 außer Betrieb. Schwebefähre und Brücke stehen
unter Denkmalschutz.

Fething

Ein Fething ist ein oberirdisches Wassersammelbecken, das vor allen Dingen auf den → *Halligen* zum Einsatz kam. Er sieht aus wie ein Teich. Das Grundwasser auf den Halligen ist Salzwasser und damit zum Verzehr ungeeignet. Die Bewohner mussten sich einiges einfallen lassen, um Mensch und Tier mit Trinkwasser zu versorgen. Quelle war stets das Regenwasser. Für die Menschen wurden Zisternen angelegt, für die Tiere Fethinge. Erst seit den 1960er-Jahren haben alle ständig bewohnten Halligen eine Wasserleitung vom Festland und müssen daher auch Trockenheit nicht mehr fürchten.

Feudel

In Nordrhein-Westfalen heißt er Aufnehmer, in Sachsen Hader, anderswo in Ostdeutschland Scheuerlappen. Aber wir sind ja in Schleswig-Holstein – da wird gefeudelt, natürlich mit dem Feudel. Und weil wir ja das Land zwischen den Meeren sind, ist es auch nicht verwunderlich, dass der Begriff wohl sehr gebräuchlich unter Seeleuten ist. Egal wie das Ding heißt, überall wird es zum Saubermachen, zum Wischen gebraucht. Den Wischmopp gab es früher noch nicht, und viele Hausfrauen vertrauen nach wie vor dem guten alten Feudel.

Fledermäuse

Braunes Langohr, Großes Mausohr, Großer und Kleiner Abendsegler? Nicht um Hasen, Pflanzen oder Vögel, sondern um Fledermäuse geht es hier. 15 von 23 in Deutschland heimischen Arten leben in Schleswig-Holstein – immerhin, denn die erstaunlichen Säuger kommen zwar weltweit in 1100 Arten vor, leben aber viel lieber in wärmeren Zonen. Trotzdem hat es ihnen der Norden angetan. Den Segeberger Kalkberg haben sie sogar zu einer deutschen Schaltzentrale erkoren – und wetteifern mit den sommerlichen Karl-May-Spielen im Kalkbergstadion von Bad Segeberg (www.karl-may-spiele.de) darum, was die größere Attraktion der Stadt ist. Die Kalkberghöhle dient sieben Fledermausarten als Winterquartier und ist damit das größte in Nord- und Mitteleuropa. Mehr als 20 000 Tiere finden sich hier ein (übrigens ist auch nur hier der Segeberger Höhlenkäfer zu Hause). In einige Geheimnisse der nachtaktiven Säuger weiht das Segeberger Fledermauszentrum Noctalis ein – im Dunkeln, ganz wie im echten Fledermausleben. Dieses besteht im Übrigen aus immer größeren menschengemachten Problemen. In Deutschland stehen alle 23 Arten unter Naturschutz. Dass der Bau der A 20 bei Bad Segeberg 2013 per Gerichtsbeschluss vorläufig gestoppt wurde, weil die Trassenführung den Flug der Fledermäuse in ihr Winterquartier gefährde, ist ein rein menschliches Problem.

Noctalis – Welt der Fledermäuse, Fledermaus-Zentrum GmbH, Oberbergstraße 27, 23795 Bad Segeberg, www.noctalis.de

Flens

„Flens" ist die liebevolle und sehr verbreitete Abkürzung für die Biermarke „Flensburger Pilsener". Das Traditionsunternehmen wurde 1888 von fünf Flensburger Kaufleuten gegründet. Besonderes Markenzeichen ist der bis heute verwendete Bügelverschluss mit einem Porzellandeckel, der beim Öffnen ein sehr spezielles Geräusch von sich gibt. Selbst dieser „Plopp" hat mittlerweile Kultstatus erlangt. Großen Anteil hatte daran der Comiczeichner Rötger Feldmann, der seine „Werner"-Figur Flensflaschen, später auch Bölkstoff genannt, reichlich ploppen ließ. Auch die Werbefilme mit typisch norddeutschem, trockenem Humor unter der Regie von Detlev Buck haben Wortschöpfungen wie „Das flenst" oder „Flensburger Herrenhandtasche" Kultstatus erlangen lassen.

Fliederbeersuppe

In Schleswig-Holstein ist es ja nun mal gern kalt, es weht öfter ein rauer Wind, und so kommen im Herbst die reifen Früchte des Holunderstrauchs (die hier im Norden eigensinnerweise Fliederbeeren genannt werden) zum zweiten Einsatz des Jahres. Wurden im Frühjahr die weißen Blütendolden noch zu Sirup und Gelee verarbeitet, dürfen nun die tiefvioletten Beeren zu Suppe und Saft verkocht werden. Die Fliederbeersuppe hat eine lange Tradition im Land und wird vorzugsweise mit Grießklößchen gegessen. Erst wird der Saft hergestellt, dann daraus die Suppe gekocht, gern mit Apfelspalten als Einlage. Fliederbeersaft und -suppe gelten wegen des hohen Gehalts an Vitamin C auch als perfekte Maßnahme gegen Erkältungskrankheiten. Und sie wärmen richtig schön durch. Wer noch mehr Wärme braucht, gibt einen Schuss Rum dazu.

Fofftein

Klingt nicht nur gemütlich, ist es auch. „Fofftein" oder auch „Foffthein" ist → *plattdeutsch* und heißt nicht nur Fünfzehn, sondern bildet in seiner Gesamtheit eine schöne zweite Pause am Vormittag ab, die durchaus auch länger als 15 Minuten dauern kann. „Ich mach mal Fofftein", heißt also in Schleswig-Holstein und auch in Hamburg nichts anderes als die Ankündigung einer gemütlichen Auszeit. Wenn man fertig ist mit Pause und Arbeit, ist dagegen „Daddeldu" (von englisch „That'll do"), was wiederum gleichbedeutend mit Feierabend ist.

Förde

Die Eiszeit ging und hinterließ Förden – die Flensburger Förde, die Eckernförder Bucht, die Kieler Förde. Ob auch die schmale Schlei dazugehört, ist umstritten. Für die Entstehung einer Förde brauchte es nämlich eine Gletscherzunge, die auf ihrer Wanderung landeinwärts eine Meeresbucht hinterließ. Vor Flensburg, Eckernförde und Kiel ist das zweifelsfrei so gewesen, bei dem Ostsee-Arm namens Schlei sind sich Experten nicht einig, möglicherweise war dort kein Gletscher, sondern eine eiszeitliche Schmelzwasserrinne an der Arbeit.

Eine Förde ist also die spezielle Form einer Bucht. Zum Beispiel vor Kiel, wo die Landeshauptstadt der Kieler Bucht ihren Namen gegeben hat. In der Kieler Bucht wiederum ragen Kieler Förde, Eckernförder Bucht und Schlei ins Land. Apropos Eckernförde: Dieser Name beruht vermutlich nicht auf der einstigen Arbeit einer Gletscherzunge, sondern verweist auf eine Furt.

Zwar nicht so augenscheinlich wie die genannten Förden, aber auch nass und Ergebnis einer Gletscherarbeit ist die

Traveförde zwischen Herreninsel und der Mündung in die Lübecker Bucht mit Pötenitzer Wiek und deren Seitenbucht Dassower See. Teil einer Förde – der Hemmelsförde – war auch der Hemmelsdorfer See, der heute von der Lübecker Bucht abgetrennt ist.

Unser Wort Förde und das dänische „Fjord" haben sprachlich zwar gemeinsame Wurzeln, nicht aber geologisch, denn ein Fjord ist nicht von einer Eispanzerzunge landeinwärts, sondern von einem Gebirgsgletscher seewärts gegraben.

Förtchen

Simpel und lecker – das bringt es wohl auf den Punkt. Förtchen sind kleine Gebäckteilchen, die in einer speziellen Form gebacken werden. Die Form sieht aus wie eine Pfanne mit Nestern und ließ sich hervorragend auf der einst gebräuchlichen Küchenhexe oder dem Herdfeuer verwenden. Ursprünglich galten Förtchen als das Weihnachts-Silvester-Neujahrsgebäck. Aber weil sie so lecker sind, gibt es sie das ganze Jahr über. Allerdings sind sie im Winter irgendwie besonders. Die Zutaten sind Mehl, Milch, Zucker, Hefe, Salz, Eier (es gibt auch Rezepte ohne Hefe). Gemischt und ausgebacken werden die fertigen Teilchen dann auch gern noch in ein Fruchtpüree gedippt.

Friesen

Etwa 50 000 Menschen in Schleswig-Holstein sind Friesen. Sie leben vorwiegend an der Westküste, auf den nordfriesischen → *Inseln* und → *Halligen* sowie auf → *Helgoland*. Weitere Gruppen sind in Ostfriesland und den Niederlanden angesiedelt. Friesen gibt es seit über 2000 Jahren. Bis zum Aufstieg der → *Hanse* waren sie das bedeutendste Handels- und Seefahrervolk der Nordseeküste. Zum eigenen Staat hat es nie gereicht. Eine eigene Flagge haben sie dennoch. Das Wappen zeigt neben der dänischen Krone und einem halben deutschen Reichsadler einen Grütztopf. Der Legende nach sollen friesische Frauen Gegner mit heißer Grütze vertrieben haben. Das im 19. Jahrhundert geprägte Schlagwort → *„Lewer duad üs slav!"* (Lieber tot als Sklave) betont den Unabhängigkeitswillen der Friesen. Als Dachorganisation der Friesen vereinigt der Interfriesische Rat die Nordfriesen und Ostfriesen in Deutschland mit den in den Niederlanden lebenden Westfriesen. Von großer Bedeutung für die Pflege der friesischen Sprache (→ *Friesisch*), der Kultur und der Geschichte ist das „Nordfriisk Instituut" in Bredstedt als zentrale wissenschaftliche Einrichtung.

Die friesische Volksgruppe stellt zusammen mit den Dänen und den Sorben sowie den in Deutschland lebenden Roma und Sinti eine der vier staatlich anerkannten, in Deutschland ansässigen nationalen Minderheiten dar. Die Wissenschaft von der Sprache, Literatur und Landeskunde wird als Frisistik bezeichnet.

www.nordfriiskinstituut.de

Friesenhaus

Vier Außenwände und ein → *Reet*dach? So einfach ist das sogenannte Friesenhaus nicht zu beschreiben. Im Grunde beginnt die Schwierigkeit nämlich schon beim Namen: Mit „Friesenhaus" ist gemeinhin das uthlandfriesische Haus gemeint und das wiederum ist eine Sonderform des Geesthardenhauses, welches wiederum mit Gulfhaus-Hallenhaus eine der drei Bauernhaustyp-Grundformen in Schleswig-Holstein ist – alles klar?

Jedenfalls sieht, wer Friesenhäuser im Blick hat, in aller Regel rot (wegen der Ziegel) und traditionell weiß oder blau (Türen und Fensterrahmen) und ein Reetdach. Seinen Namen hat das uthlandische Friesenhaus von den nordfriesischen → *Uthlanden* (Außenlande), wo dieser Haustyp auf den → *Inseln*, → *Halligen* und in den Marschgebieten vorherrschend war. Stallungen und Wohnraum waren in einem Gebäude untergebracht. Typisch für das uthlandfriesische Haus ist der spitze, bis knapp unter den First reichende Giebel über der Eingangstür – eine schlaue, weil bei Feuer lebenswichtige Konstruktion, denn so rutscht brennendes Dachreet nicht vor den Fluchtweg. Außerdem typisch für diesen Haustyp ist die zweigeteilte → *Klöndör*. Interessant ist die Statik der historischen Friesenhäuser: Die Last des Daches ruhte auf einem hölzernen Ständerwerk und nicht auf den Außenmauern. Feldsteine dienten als Fundament. Zum Schutz vor dem meist aus West kommenden Wind wurde das Friesenhaus entlang einer Ost-West-Achse mit den Eingängen im windgeschützen Süden gebaut. Schutz bot auch die geringe Größe der Häuser, weil die Angriffsfläche für Stürme kleiner war.

Wer gut erhaltene und typische Uthlandhäuser sehen will, wird auf der Hallig Langeneß beispielsweise im Kapitän-Tadsen-Museum (www.insel-museum.de) und in Wyk auf Föhr im Friesen-Museum (www.friesen-museum.de) fündig.

Friesennerz

Das Wetter im Norden ist viel besser als sein Ruf, mit „Schietwetter" ist allerdings immer mal zu rechnen. Ein Nordlicht trotzt Regen und Wind im Friesennerz. Der hat weder mit echtem noch synthetischem Fell zu tun, sondern ist die Bezeichnung für leuchtend gelbe und damit auch weithin sichtbare Regenschutzkleidung mit großen Klappentaschen und Kapuze. Ursprünglich als wasserdichte Bekleidung für Fischer und Segler gedacht und unter dem Namen Ölzeug bekannt, hat der inzwischen aus Kunststoffen hergestellte Friesennerz sogar Einzug in die Garderoben von Landratten gehalten.

Friesenpalme

Nein, dies ist keine spezielle Züchtung eines besonders witterungsbeständigen Exoten: „Friesenpalme" ist schlichtweg eine augenzwinkernde – und natürlich von den humorvollen → *Friesen* erfundene – Bezeichnung für Grünkohl. Dessen Wuchsform hat durchaus Ähnlichkeit mit den tropischen und subtropischen Gewächsen, schmeckt aber ungleich besser – und braucht den Frost zur kulinarischen Entfaltung.

Friesentorte

Ein hauchzarter, buttriger Blätterteig, hausgemachtes Pflaumenmus und richtig viel Sahne – das sind die drei wichtigsten Zutaten für die, das darf man wohl so sagen, Nationaltorte in Schleswig-Holstein. Auf vielen Speisekarten besonders auf den → *Inseln*, → *Halligen* und in Küstenorten ist sie zu finden. Es gibt regional verschiedene Varianten auch mal mit Alkohol oder einem Mürbeteigboden. Aber die meistvernaschte ist wohl die Grundform, die mit den drei Zutaten als Schichttorte daherkommt. Der Ursprung dieser Leckerei ist unbekannt.

Friesenwall

Man nehme einen Haufen hübscher Feldsteine und schichte sie derart geschickt auf-, neben- und übereinander, dass eine Einfriedung ums Haus entsteht. Der begabte Steineverbauer kommt ohne Mörtel aus. Das Ganze heißt nicht Steinmauer, sondern Friesenwall und ist praktisch

Friesenhaus auf Amrum mit aus Feldsteinen aufgesetztem Friesenwall

die norddeutsche Variante des Gartenzauns. Gern wird dieser Wall auch mit Rosen, Seegras oder anderen ansehnlichen Stauden bepflanzt. Ursprünglich entstand das Trockenmauerwerk in Nordfriesland, vorwiegend mit Findlingen, die beim Umpflügen der Felder gefunden wurden. Mittlerweile haben Friesenwälle alle anderen Regionen in Deutschland erobert.

Friesisch

→ *Friesen* sprechen auch friesisch, und zwar in vielen verschiedenen Dialekten. So besteht das Nordfriesische aus den zwei großen Dialektgruppen Festland-Nordfriesisch und Insel-Nordfriesisch, die sich wiederum in neun Mundarten unterscheiden. Friesisch ist eine eigenständige Sprache. Es gehört wie Englisch, Niederländisch und Deutsch zur westgermanischen Sprachengruppe. Nordfriesisch zählt zu den Minderheitensprachen, die von der Europäischen Charta der Regional- oder Minderheitensprachen geschützt werden. Es ist eine der kleinsten Sprachen in Europa. Annähernd 8000 bis 10 000 Menschen beherrschen das Nordfriesische. Das Bökingharder Friesisch und das Fering auf Föhr gehören zu den meistgesprochenen Mundarten, während das Halunder auf → *Helgoland* nur noch von etwa zehn Prozent der rund 1400 Inselbewohner gesprochen wird. Das Amrumer Friesisch heißt Öömrang. Für die Hauptdialekte liegen Wörterbücher, Sprachlehren und zahlreiche literarische Werke vor. An 27 Schulen in Schleswig-Holstein wird friesischer Unterricht erteilt. An den Universitäten Kiel und Flensburg kann Friesisch studiert werden.

G

Gänge

Denken Sie bei Gängen nicht einfach an Wege: Gänge sind
Wohnanlagen, die ab dem Mittelalter auf Höfen giebel-
ständiger Vorderhäuser gebaut wurden. Die Lübecker Altstadt ist berühmt für seine Vielzahl erhaltener Gänge und
Höfe (rund 90 existieren noch), von denen viele betreten
werden dürfen. Einige Gänge ziehen sich auch durch
Flensburg; der hier 1617 entstandene Oluf-Samson-Gang
ist seit 1918, als die ersten Bordelle einzogen, eher als Sün-
denmeile denn als historisches Gebilde bekannt.
Zurück ins „gängereiche" Lübeck. Balhorns Gang, Hell-
grüner Gang, Kattundrucker-Gang, Spinnrademacher-
Gang, Weintrauben-Gang – allein die Namen versprechen
Abenteuer. Wie simpel klingt dagegen „Durchgang",
obwohl diese Verbindung zwischen Wahmstraße und
Aegidienstraße ganz typisch offenbart, warum Gänge-
häuser nicht etwa die dunkle Seite der Wohnkultur bilden,
sondern heiß begehrt sind: Kopf einziehen, städtisches
Getriebe draußen lassen, Ruhe tanken. Liebevoll gepflegt
und gepflastert sind hier Großstadtoasen entstanden.
Geboren wurden die Gänge einst aus purer Raumnot,
überliefert ist ihre Existenz aus der ersten Hälfte des 14.
Jahrhunderts, just zu einer Zeit, als die Hansestadt, die im
Jahr 1227 noch ganze 6000 Einwohner gezählt hatte, auf
18 800 im Jahr 1350 explodiert war. Die meisten Gänge,
nämlich mehr als 180 an der Zahl, soll es zum Ende des
17. Jahrhunderts gegeben haben. Eng sind viele Zugänge
für unsere modernen Verhältnisse. Einer Vorgabe hatten

sich aber auch die sparsamsten Gang-Bauherren zu fügen: Ein Sarg musste durchpassen.

Wo Gänge und Höfe offen stehen, sind Besucher willkommen, aber unbedingt gebeten, der Privatsphäre der Bewohner Respekt zu zollen. Wer will, kann sich auch führen lassen.

Eine Wanderung zu diesen städtebaulichen Kleinodien lohnt unbedingt. Auskunft über Führungen:

Welcome Center, Holstentorplatz 1, 23552 Lübeck,
www.luebeck.tourismus.de

Glück

Man hat's oder man hat's nicht, das Glück. Schleswig-Holstein jedenfalls hat eine so gute Portion davon abbekommen, dass es per Eigennamen nach außen quillt: beim Wasserschloss Glücksburg im gleichnamigen Städtchen an der Flensburger Förde zum Beispiel oder bei Glückstadt im Kreis Steinburg.

Glücksburg

GGGMF, „Gott gebe Glück mit Frieden", steht über dem Portal von Glücksburg – ein Schloss wie im Märchen. Wer braucht da Neuschwanstein, wenn solch ein Renaissancebauwerk strahlend weiß mit achteckigen Türmen aus dem Wasser des Schlossteichs ragt? Herzog Johann der Jüngere von Schleswig-Holstein-Sonderburg, ein Sohn des dänischen Königs Christian III., ließ es im 16. Jahrhundert auf- und aus den Resten eines Zisterzienserklosters bauen. Das Glücks-G im Wahlspruch gab dem Schloss seinen Namen. Die Schlosskapelle (mit Schnitzaltar aus der Zeit des Dreißigjährigen Krieges 1618 bis 1648) ist mit dem erbetenen GGGMF wie geschaffen für Trauungen und Taufen (www.schloss-gluecksburg.de). Und apropos Märchen: Dornröschen ist auch nicht weit. Im Rosarium Glücksburg gleich nebenan beim Schlosspark gedeihen mehr als 500 Rosensorten, darunter eine der größten Sammlungen englischer Rosen in Deutschland (www.seaside-garden.de). Dem beschaulichen 5820-Einwohner-Städtchen Glücksburg (und nicht wie so oft behauptet dem nahen, aber südlicheren Flensburg!) kommt übrigens das Privileg zu, nördlichste Stadt Deutschlands zu sein.

Glückstadt

Weiter südwestlich, an der Unterelbe, wollte Dänenkönig Christian IV. dem nahen und vor allem stetig wachsenden Hamburg mit einer Festungs- und Hafenstadt die Stirn bieten, als er 1617 Glückstadt gründete. „Dat schall glücken und dat mutt glücken, und denn schall se ok Glückstadt heten!" (Das soll glücken und das muss glücken, deshalb soll sie Glückstadt heißen!), ordnete er an und ließ zur Sicherheit Glücksgöttin Fortuna im Stadtwappen wachen. Ein Glück war die neue Stadt für die ersten Einwohner allemal. Kostenlose Baugrundstücke und Steuerfreiheiten lockten zunächst Menschen aus der näheren Umgebung in die neue Stadt, die zugesagte Religionsfreiheit bald auch aus Portugal vertriebene und zunächst in die Niederlande geflüchtete Juden und reformierte Christen, die vor dem spanisch-niederländischen Krieg aus den Niederlanden geflohen waren. Eine Reise ist Glückstadt unbedingt wert – der historischen Altstadt, der Matjeswochen im Juni und der Extraportion Glück wegen (www.glueckstadt-tourismus.de).

Gorch Fock

„Gorch Fock"? Na klar, das ist ein als Bark getakeltes Segelschulschiff der Deutschen Marine, und zwar das zweite dieses Namens, weshalb sie auch als „Gorch Fock II" bezeichnet wird, und das sechste ihrer Klasse, gebaut 1958 bei
Blohm + Voss in Hamburg, Heimathafen Kiel, ihr Liegeplatz an der Tirpitzmole am nördlichen Ende der Kiellinie.
„Gorch Fock" ist aber auch ein Schriftsteller, der 1880 in
Hamburg-Finkenwerder als Johann Wilhelm Kinau geboren wurde und 1916 in der Seeschlacht am Skagerrak ums
Leben kam. Hamburger Zeitungen druckten ab 1904
meist auf Finkwarder Platt verfasste Gedichte und Erzählungen, die Kinau, Sohn eines Hochseefischers, unter den
Pseudonymen Jakob Holst, Giorgio Focco und Gorch
Fock verfasste – „Gorch" als lokale Variante des Vorna-
mens Georg, „Fock" als Name aus der Familiengeschichte.
Sein bekanntestes Werk ist der 1913 erschienene Roman
„Seefahrt ist not!", in dem er das Leben der Finkenwerder
(damals „Finkenwärder") Fischer schildert. Im Ersten
Weltkrieg wurde Gorch Fock 1915 eingezogen, war
zunächst als Infanterist unter anderem in Verdun, bevor er
auf eigenen Wunsch zur Marine wechselte. Sein Platz war
der Ausguck auf dem vorderen Mast der SMS „Wiesba-
den", mit der er im August 1916 unterging.
Nach Gorch Fock sind außer Straßen (zum Beispiel in
Hamburg, Westerland auf Sylt und Heide/Holstein) Schulen in Hamburg-Blankenese, Bremerhaven, Cuxhaven
sowie in Schleswig-Holstein in Kiel, Kappeln und Eckernförde benannt – und eben Schiffe:
Schon 1917 wurde ein Vorpostenboot der kaiserlichen
Marine auf den Namen „Gorch Fock" getauft, seine Spuren verlieren sich nach 1945.
1933 wird für die Reichsmarine bei Blohm + Voss in Hamburg ein erstes als Bark getakeltes Segelschulschiff gebaut

und nach dem Schriftsteller benannt. Es gerät 1945 in Stralsund unter Beschuss, wird auf deutschen Befehl versenkt, um es nicht der Roten Armee zu überlassen, wieder gehoben, geht als Reparationsleistung als „Towarischtsch" an die Sowjetunion und gehört ab 1991 zur ukrainischen Handelsmarine. Seit 2003 liegt die „Gorch Fock I" als Museumsschiff im Hafen von Stralsund.

Als 1958 die „Gorch Fock II" vom Stapel läuft, hält Rudolf Kinau, der Bruder Gorch Focks, die Taufrede auf → *Plattdeutsch*. De Däupspruch (Taufspruch): „Boben dat Leben steiht de Doot. Ober boben den Doot steiht wedder dat Leben! Ick däup di up den Nom ‚Gorch Fock'!" (Über dem Leben steht der Tod. Aber über dem Tod steht wieder das Leben! Ich taufe dich auf den Namen „Gorch Fock".)

Gottorf

Schon aus der Ferne ragt das prächtige weiße Gebäude in den Schleswiger Himmel. Über 800 Jahre ist die Geschichte von Schloss Gottorf alt, das in dieser Zeit

Schloss Gottorf

mehrfach umgewandelt wurde. Aus der mittelalterlichen Burg wurde eine Renaissancefestung und schließlich ein Barockschloss. Es war namengebend für das herzogliche Haus Schleswig-Holstein-Gottorf, aus dem im 18. Jahrhundert unter anderem vier schwedische Könige und mehrere russische Zaren hervorgingen. Es war im Besitz des dänischen Königshauses und der schleswigschen Herzöge. Zu Kriegszeiten wurde es allerdings auch als Kaserne genutzt. Heute dient eines der bedeutendsten Bauwerke des Landes mit einem wunderbaren rekonstruierten Barockgarten als Sitz von zwei schleswig-holsteinischen Landesmuseen und deren Stiftung.

www.schloss-gottorf.de

Grachten

Holland in Not? Alles nachgemacht? Nein, aber optisch kommt das malerische Friedrichstadt, das zwischen den Flüssen Eider und Treene im Kreis Nordfriesland liegt, wie ein Klein-Amsterdam daher. Da gibt es doch tatsächlich Grachten, und die Giebelhäuser am Marktplatz erinnern

Der Friedrichstädter Markt

auch an die Käsemetropole. Nachgemacht wurde es nicht, tatsächlich haben religiös verfolgte eingewanderte Holländer ihre baulichen Spuren hinterlassen. Eingeladen hatte sie der → *Gottorfer* Herzog Friedrich III., der aus der 1621 von ihm gegründeten Stadt eine florierende Handelsmetropole machen wollte. Geblieben ist der Kosename Holländerstadt.

www.friedrichstadt.de

Grass, Günter

„Wie macht die Ostsee ? – Blubb, pfff, pschsch ...“ Seine „baltische Pfütze“ hat den Schriftsteller, Bildhauer, Maler, Grafiker, Träger des Nobelpreises für Literatur (1999) Günter Grass nie losgelassen. An der Ostsee, in Danzig, wurde er 1927 geboren, in Lübeck, wo 2002 das nach ihm benannte Forum für Literatur und Bildende Kunst eröffnet hat, starb er 2015. In diesem Grass-Haus hatte er bis zuletzt sein Büro, hier gründete er den Literaturzirkel „Lübeck 05“. 23 Kilometer südlich, in Behlendorf im Kreis Herzogtum Lauenburg, lebte er mit seiner Frau Ute, hier ist er begraben.

Eigentlich sei Grass immer nur an der Ostsee gewesen, auch, wenn er anderswo war, sagt man im Günter Grass-Haus, das sich nach seinem Tod mit seiner Beziehung zur Ostsee beschäftigt hat. „Auch an atlantischen Küsten laufe ich baltische Strände ab“, heißt es in einem Gedicht. Der Titel: „Lebenslang“.

Bequem oder gar gefällig war er nie. Schon mit seinem Debütroman „Die Blechtrommel“ fuhr er internationale Achtung und – vorwiegend nationalen – Gegenwind gleichermaßen ein. Daran hat sich bis zu seinem Tod nichts geändert. Auch für sein Lebensthema Ostsee fischte er im Trüben von Gegenwart und Vergangenheit. Da wird das

Nebenmeer als Müllkippe der Geschichte beackert, schön doppeldeutig, denn Geschichte hat sich reichlich abgespielt an den Stränden und auf See, giftigen Müll haben die Anrainer ebenfalls reichlich im Wasser hinterlassen. Da geht es um die Ostsee als Massengrab, in dem im Zweiten Weltkrieg schätzungsweise 40 000 Menschen starben, 9000 allein beim Untergang der „Wilhelm Gustloff", den er in seiner Novelle „Im Krebsgang" bearbeitet. Auch sein autobiografisches Gedicht „Kleckerburg" bleibt nicht bei den Geräuschen der Ostsee „Blubb, pfff, pschsch", sondern fährt fort:

„Auf deutsch, auf polnisch: Blubb, pfff, pschsch ...
Doch als ich auf dem volksfestmüden,
von Sonderbussen, Bundesbahn
gespeisten Flüchtlingstreffen in Hannover
die Funktionäre fragte, hatten sie
vergessen, wie die Ostsee macht,
und ließen den Atlantik röhren;
ich blieb beharrlich: Blubb, pfff, pschsch ...
Da schrien alle: Schlagt ihn tot!
Er hat auf Menschenrecht und Renten,
auf Lastenausgleich, Vaterstadt
verzichtet, hört den Zungenschlag:
Das ist die Ostsee nicht, das ist Verrat."

Eingemischt hat Günter Grass sich auch in Lübeck: Er ist Ideengeber für das Willy-Brandt-Haus, dessen Garten mit dem des Grass-Hauses verbunden ist (→ *Brandt, Willy*).
www.grass-haus.de

Großer Hans

Das ist der kleine Bruder vom → *Meelbüdel*. Wie bitte? Noch mal von vorn. Der „Grote Hans", wie er auf → *Plattdeutsch* heißt, kommt aus dem tiefsten Schleswig-Holstein von der Westküste. Es gibt ihn in den Varianten süß, pikant, als Haupt- oder Nachspeise. Grundlage war früher altbackenes Weizenbrot, heute eher Grieß oder Hefeteig. Er ist aus Resteverwertungsgründen entstanden. Der Unterschied zum Meelbüdel liegt auch in der Zubereitung, denn er wird in einer Pudding- oder Gugelhupfform im Wasserbad gegart. Anschließend wird er in Scheiben geschnitten und mit oder ohne Beilagen serviert. Diese variieren von Kirschsoße über Backpflaumen bis zur Schweinebacke. Am folgenden Tag schmeckt er in Butter angebraten aus der Pfanne. Einst gehörte er fest auf den Speiseplan, heute gibt es nur noch wenige Gasthäuser, die den Hans oder seinen großen Bruder Meelbüdel auf der Speisekarte haben.

Groth, Klaus

Ohne ihn sähe unser → *Plattdeutsch* anders aus: Klaus Groth, 1819 in Heide/Holstein geboren, 1899 in Kiel gestorben, gilt neben dem gebürtigen Mecklenburger Fritz Reuter (mit dem er sich über seine Auffassung vom Vermögen des Plattdeutschen zerstritt) als Begründer einer neuen niederdeutschen Literatur. Die ersten Schritte ins Berufsleben beginnt der Sohn eines Müllers als Schreiber des Kirchspielvogts, geht mit 18 auf das Lehrerseminar in Tondern und wird in seiner Heimatstadt Lehrer an einer Mädchenschule. Groth ist sensibel und von labiler Gesundheit. 1847 muss er die Anstellung quittieren und sucht Erholung bei einem Freund auf der Insel Fehmarn.

Hier entsteht die Gedichtsammlung „Quickborn", die Ende 1852 in Hamburg herauskommt und Groth mit einem Schlag bekannt macht. Er zieht nach Kiel, unternimmt Bildungsreisen, erhält die Ehrendoktorwürde der Universität Bonn; habilitiert sich in Kiel, ist Professor für deutsche Sprache und Literatur. Er will das Niederdeutsche zu einer Literatursprache ausbauen, die auch ernsthafte Themen behandeln kann.

Zu seinem 80. Geburtstag am 29. April 1899 verleihen ihm die Städte Kiel und Heide die Ehrenbürgerwürde. Sechs Wochen später stirbt er. An der Stelle seines ehemaligen Hauses am Kieler Schwanenweg steht heute das nach seinem bekanntesten Werk benannte Krankenhaus „Quickborn". Klaus Groth ist auf dem Kieler Südfriedhof beigesetzt. Seine Texte wurden unter anderem von Johannes → Brahms und Arnold Schönberg vertont. Zu seinen bekanntesten Liedern zählen „Keen Graff is so breet", „Still, mien Hanne, hör mi to!", „Min Jehann", „He sä mi so veel" und allen voran die Geschichte vom vertrauensseligen Hasen „Lütt Matten".

In Schleswig-Holstein sind zahlreiche Straßen und Schulen nach Klaus Groth benannt, Kiel hat ihm am Kleinen Kiel einen Brunnen gewidmet. Zur Pflege seines literarischen Gesamtwerks wurde 1949 die Klaus-Groth-Gesellschaft gegründet, sie hat ihren Sitz im seit 1914 bestehenden Klaus-Groth-Museum in Heide im Elternhaus des Dichters.

www.heide.de

Grüner Hügel

Nicht, dass wir den Bayreuthern ihren Festspielruhm streitig machen wollen, aber ein Grüner Opernhügel ist kein Alleinstellungsmerkmal der Oberfranken. Den gibt es nämlich auch im Schlosspark der Stadt Eutin. Seit 1951 finden dort dem gebürtigen Eutiner Carl Maria von Weber zu Ehren Jahr für Jahr die Eutiner Festspiele statt – nicht wie in Bayreuth in einem Opernhaus, sondern auf einer Freilichtbühne, die auf einer von hohen Bäumen umstandenen Anhöhe platziert ist – von so viel Grün umgeben, wie die Natur nur hergeben kann, und wie geschaffen für von Webers berühmteste Oper – die romantische Oper schlechthin –, „Der Freischütz", mit der hier die Festspiel-Tradition begonnen hat.

Viel mehr als seine Geburt im Haus Lübecker Straße 48 im Jahr 1786 hat den Komponisten, Dirigenten und Pianisten Carl Maria von Weber zwar nicht mit Eutin verbunden, dafür war Vater Franz Anton von Weber, Musiker, reisender Theaterdirektor und Bruder von Mozarts Ehefrau Constanze, zu umtriebig. Für Carl Maria ging es nach Stuttgart, Mannheim, Frankfurt, München, Prag, Dresden, Berlin, wo 1821 im Schauspielhaus am Gendarmenmarkt mit großem Erfolg „Der Freischütz" uraufgeführt wurde. Carl Maria von Weber starb 1826 in London, wo er die Uraufführung seiner Oper „Oberon" dirigiert hatte.

Eutin hat der Komponist trotz seines kurzen Aufenthalts nachhaltig geprägt. Übrigens ist die Atmosphäre auf Ostholsteins Grünem Hügel traditionell locker, das Publikum fröhlich gemischt aus alten Opernhasen und -novizen, die einfach mal hineinhören wollen in die Welt der klassischen Musik. Ungewöhnliche, aber unerhört nützliche Utensilien sind hier Gummistiefel, Regenjacke und Picknickkorb.

www.eutiner-festspiele.de

H

Halligen

Sie kamen, sie gingen, sie veränderten ihre Form: Heute gibt es von mehr als 100 nur noch zehn Halligen, von denen sieben noch bewohnt sind. Die winzigen Inseln gruppieren sich kreisförmig um die Insel Pellworm im nordfriesischen Wattenmeer und gehören alle zu Nordfriesland. Sie erheben sich nur wenige Meter über dem Meeresspiegel und werden daher bei starken Fluten überspült, „Land unter" genannt. Nur die → *Warften*, künstlich aufgeschüttete Hügel, bleiben meistens davon verschont. „Land unter" tritt ein, wenn eine Springflut und auflandige Winde zusammentreffen (Sturmflut). Bedingt durch den Anstieg des Meeresspiegels tritt dieses Ereignis durchschnittlich 15 bis 20 Mal im Jahr ein, früher war dies in der Regel nur 10 bis 15 Mal im Jahr der Fall.

Zu den Halligen gehören nach Größe geordnet: Langeneß (21 Warften, 113 Bewohner), Hooge (10 Warften, 103 Bewohner), Gröde (2 Warften, 8 Bewohner), Oland (1 Warft, 21 Bewohner), Nordstrandischmoor (4 Warften, 18 Bewohner), Hamburger Hallig (1 Warft, keine Bewohner, dafür saisonal Restauration), Süderoog (1 Warft, 2 Bewohner), Südfall (1 Warft, 2 Bewohner), Norderoog (statt Warft Pfahlbaukonstruktion, unbewohnt), Habel (1 Warft, unbewohnt).

Die typische Vegetationsform der Halligen ist die Salzwiese. Landwirtschaft ist daher nur eingeschränkt mög-

Rechts: Hallig Langeneß

lich. In früheren Jahrhunderten waren fast alle Männer Seefahrer oder Walfänger. Die Frauen kümmerten sich um das Vieh und machten Heu. Bis in die 1940er-Jahre gab es die sogenannte Allmendewirtschaft: Jedes Jahr wurde das Land nach den Winterstürmen neu vermessen und zugeteilt. So kam jeder mal in den Genuss von fruchtbarem oder auch mal schlechterem Land. Erst seit den 1960er-Jahren gibt es Wasserleitungen vom Festland, vorher mussten sich die Halligbewohner mit eigenen Regenwasser-Systemen wie Zisternen und → *Fethingen* versorgen. Heute leben die Bewohner vorwiegend vom Tourismus oder arbeiten auch auf dem Festland.

Hallig Gröde

Die Hallig Gröde bekommt hier eine kleine Extrawurst unter den zehn → *Halligen*, denn sie nimmt eine Sonderrolle ein: Mit acht wahlberechtigten Bewohnern ist sie Deutschlands kleinste Gemeinde und damit stets die erste, die an Wahltagen ihre Stimmen abgegeben und ausgezählt hat. Sie ist der kleinste Wahlbezirk. Seit 2013 haben sich allerdings erstmals in der Geschichte alle Bewohner für Briefwahl entschieden. Damit entfällt das kleine Wahlschmankerl.

Hanse

Gemeinsam für Handel und Fortschritt – welch eine große Idee! „Hanse" kommt vom althochdeutschen „Hansa", was so viel wie Gruppe oder Schar bedeutet, und bezeichnete eine Ende des 12. Jahrhunderts von niederdeutschen Kaufleuten gegründete Vereinigung, die im 14. Jahrhundert zu einer Städtegemeinschaft wuchs. Haupt dieser

Städtegemeinschaft war Lübeck, das seit dem Kauf des Fischerdorfs Travemünde im Jahr 1329 freien Zugang zur Ostsee und damit zum Wohlstand durch freien Handel hatte. An der Trave wurden Rohstoffe aus dem Norden und Osten (Pelze, Holz, Wachs, Teer, Hanf, Erz, Heringe, Stockfisch) gegen Fertigwaren aus dem Süden und Westen (Tuche, Metalle, Luxusgüter vom Mittelmeer und aus dem Orient) umgeschlagen; in London, Brügge, Antwerpen, Bergen und Nowgorod entstanden Kontore (Auslandsniederlassungen).

Frieden halten um fast jeden Preis, das war das Motto der Hanseaten. Denn Frieden war die wichtigste Voraussetzung, um so ungestört wie möglich Handel zu treiben. Die Seefahrt war auch ohne Kriege gefährlich genug. Und trotzdem konnte die Hanse, die selbst weder Kriegsschiffe noch Beamte hatte, sowohl Flotte als auch Heer aufbieten, wenn Diplomatie und die Überzeugungskraft des Geldes nichts auszurichten vermochten. Der stärkste Trumpf der Hanse waren ihre Schiffe, die seetüchtigen, alle bis dahin gebauten Schiffstypen überragenden → *Koggen.*

1356 trafen sich die Hanseaten zum ersten Mal zum Hansetag im Lübecker Rathaus. Fast 200 Städte gehörten dem Bund zu dessen besten Zeiten an, er umfasste ein Gebiet, in dem heute acht europäische Staaten liegen. Und die Kaufleute damals hatten Verbindungen, die heute in weitere 24 Staaten reichen würden. Die Jahre zwischen 1250 und 1400 gelten als die Blütezeit der Hanse, und in Lübeck schlug das Herz des Erfolgs.

Seit 2015 wird im Europäischen Hansemuseum im Norden der Lübecker Altstadt, eben dort, wo einst Schifffahrt und Handel blühten, die Geschichte des historischen Bundes nacherzählt – aufwendig, wie es sich für Hanseaten gehört und bis unters Dach multimedial ausgerüstet.

„Welt der Hanse" ist die ständige Ausstellung überschrieben, Start ist in der Keimzelle des Kaufmannsbunds am

Ufer der Newa. Man schreibt das Jahr 1193, als niederdeutsche Kaufleute sich aufmachten, Handelspartner zu gewinnen, und zunächst einen Bund um der eigenen Sicherheit willen schlossen. Es folgen in Themenräumen die Hansekontore in Brügge im Jahr 1361, in London im 16., in Bergen im 17. Jahrhundert und immer wieder auch das alte Lübeck: die Stadterweiterung im 13. Jahrhundert, das Pestjahr 1367, ein Hansetag des Jahres 1518, das religiöse Leben. Zum Museumsareal mit Restaurant, Café und einer Dachterrasse mit traumhaftem Blick gehört das Burgkloster aus dem 13. Jahrhundert. Wer kommt, bringe Zeit mit. Und bequemes Schuhwerk.

Europäisches Hansemuseum, An der Untertrave 1,
23552 Lübeck, www.hansemuseum.eu

Haubarg

Alles unter einem Dach. Das trifft wohl am besten die Bauweise der riesigen Bauernhäuser, die in Schleswig-Holstein vorwiegend auf der Halbinsel Eiderstedt anzutreffen sind. Menschen, Fahrzeuge, Vieh und Ernte sind alle unter dem riesigen Dach untergebracht. Das erübrigte auch den Bau von weiteren Stallgebäuden. Haubarge sind in Ständerbauweise erstellt. Bis zu zehn Ständer bilden die mächtige quadratische oder rechteckige Form. Das verleiht den Bauten eine enorme Stabilität gegenüber den Naturgewalten an der Nordsee. Einwandernde → *Friesen* haben diesen Haustyp etabliert. Seit 1900 wurden keine neuen Haubarge mehr errichtet. Daher sank ihre Zahl von 360 auf etwa 100. Das mag wohl auch an den immensen Unterhaltungskosten liegen. Allein die →*Reet*dächer haben oft eine Gesamtfläche über 1000 Quadratmetern.
Der bekannteste ist der Rote Haubarg in Witzwort, der heute ein Restaurant beherbergt. Schon in der Ferne

Der Rote Haubarg auf der Halbinsel Eiderstedt

leuchtet der imposante weiße Bau, der die stolze Anzahl von 99 Fenstern vorweisen kann. Interessantes über Leben und Arbeiten in einem historischen Haubarg erfahren Besucher im angegliederten Museum. Auch im Freilichtmuseum Molfsee bei Kiel wurde ein Haubarg wieder aufgebaut.

www.roterhaubarg.de

Hauke Haien

Hauke Haien ist die Hauptfigur in Theodor → *Storms* wohl bekanntester Novelle „Der Schimmelreiter". Darin verarbeitet er die Sage um den fiktiven → *Deichgrafen* Hauke Haien und dessen tragische Lebensgeschichte. Hauke, Sohn eines Landvermessers, arbeitet sich vom einfachen Knecht zum Deichgrafen hoch. Er ist ein kluger Kopf und baut einen stabilen Deich nach seiner eigenen Konstruktion. Sein Umfeld ist dennoch misstrauisch und boykottiert seine Maßnahmen. Hauke Haien reitet die Deiche auf einem Schimmel sitzend ab. Auch um das weiße Pferd ranken sich böse Gerüchte: Die Dorfbewohner fürchten sich vor dem Ross. Haien hat es aufgepäppelt, nachdem er es von einem zwielichtigen Durchreisenden in elender Verfassung gekauft hat. Der Schimmel soll das wiederbelebte Pferdeskelett von der verlassenen → *Hallig* Jeverssand sein, das auf mysteriöse Weise verschwunden ist. So wird der Schimmel auch mit dem Teufel in Verbindung gebracht. Letztendlich kommt es bei einer großen Flut zur Katastrophe, in dessen Folge Hauke Haien seine Frau, sein Kind und schließlich auch sein Leben verliert. In der Novelle geht es um Machtstrukturen, um Individualität, gesellschaftliche Anerkennung, Vorbehalte und Zwiespältigkeit.

Obwohl es sich bei Hauke Haien lediglich um eine literarische Figur handelt, wird der Name in Schleswig-Holstein oft verwendet. Nach ihm sind Kindertagesstätten, Schiffe und andere Einrichtungen benannt – und natürlich ein → *Koog* in Nordfriesland. Die Geschichte des Schimmelreiters wurde mit Curd Jürgens in der Hauptrolle verfilmt und auf vielen Theaterbühnen gespielt. „Der Schimmelreiter" ist ein Spätwerk von Storm. Er beendete die Arbeiten daran im Februar 1888, wenige Monate vor seinem Tod.

Helgoland

Ein kleines Eiland, voll wie eine Wundertüte. „Deät lun", wie Helgoland auf Halunder, dem hiesigen → *Friesisch*, heißt, ist eine Nordseeinsel in der Deutschen Bucht. Paradoxerweise gehört sie zum Kreis Pinneberg, der wiederum von allen Kreisen im Land am weitesten vom Meer entfernt ist. Rund 1400 Insulaner leben hier auf 1,7 Quadratkilometern, und das hauptsächlich vom Tourismus. Nach wie vor kommen die meisten Besucher als Tagesgäste, gelockt auch vom zollfreien Einkauf. Aber die Zahl der

Übernachtungsgäste steigt. Helgoland, staatlich anerkanntes Seeheilbad, hat mehr zu bieten als zollfreien Einkauf: gesunde, jodreiche Luft, brütende Seevögel, Kegelrobben – und Kraftfahrzeugverbot. Fahrräder sind übrigens auch nicht gestattet.

Fangen wir bei der Natur an: Die Mischung von Buntsandstein, Muschelkalk und Kreide bilden die Grundlage für eine einzigartige Flora und Fauna. Aufgrund der extremen Lage Helgolands haben sich hier Pflanzen und Tiere angesiedelt, die als Gesamtheit in der südöstlichen Nordsee einmalig sind. Erkunden Sie, was es mit Klippenkohl, Wilde Rübe, Baßtölpel, → *Langer Anna* und Lummensprung, Knieper und den → *Hummer*buden auf sich hat. Unterland, Mittelland, Oberland – ein Fahrstuhl verbindet die „Etagen" des Eilands. Sie waren mal verbunden, doch eine große Flut trennte sie 1721. Die kleine Nebeninsel Helgolands, die Düne, ist ein Paradies für Sonnenanbeter, Fossiliensammler und Ruhesuchende. Zwei weite, weiße Sandstrände dehnen sich am türkisblauen Wasser aus. Am Strand kann man die Seehunde beim Sonnenbaden beobachten. Beste Sicht auf Touristen und Einheimische gibt es auch im „Galerie Restaurant" des traditionsreichen Hotels Rickmers, deren Besitzerfamilie seit über 500 Jahre auf der Insel ansässig ist und den Kinderbuchautor James Krüss (1926–1997) zu ihren Mitgliedern zählt. Der Name Galerie geht auf eine einzigartige Sammlung von Helgoland-Gemälden zurück, die man im Restaurant bestaunen kann. Warum gibt es jede Hausnummer nur einmal? Wieso warnen die zwei einzigen Fußgängerampeln vor Flugzeugen? Was hat es mit → *Sansibar* und den Schmugglern auf sich? Und warum bitte schön gibt es eine riesige Skulptur des Berliner Bären? Sie werden alle Antworten dort finden!

www.helgoland.de

Heuler

Große Kulleraugen, ein treuer Blick, vorwitzige Barthaare und ein zu Herzen gehendes Geheul, welches den Seehundebabys auch gleich den Namen gibt – das sind Heuler. Sie gehören zu Schleswig-Holstein wie das Wasser und die →*Schafe*. Werden sie allein und verlassen an den Stränden oder Sandbänken aufgefunden, kommen sie zum Aufpäppeln in die Seehundauffangstation nach Friedrichskoog (→ *Seehunde*).

Junge Seehunde werden Heuler genannt.

Holm

Kopfsteinpflaster, kleine Gässchen, Häuser, die „Schulter an Schulter" stehen – das ist der Holm, seines Zeichens historisches Fischerviertel in Schleswig, am Rand der Altstadt gelegen – das schönste Viertel der Stadt, sagen viele Besucher (und etliche meinen, es sei das hübscheste Stückchen Stadt im ganzen Land). Das Wort Holm steht im Norden für „kleine Insel". Das Fischerviertel entstand um das Jahr 1000, als die Siedlung noch eine ausschließlich von Fischern bewohnte Insel war, umgeben vom Holmer Moor im Norden und von zwei in die Schlei mündenden Bächen im Westen und Osten. Noch bis 1933 war der Holm ausschließlich via Brücke zu erreichen.

Etwas Besonderes ist das Viertel trotzdem geblieben und Fischer leben nach wie vor in den malerischen Häuschen. Zur Schlei hin liegen Grundstücke direkt am Wasser, sind Liegeplatz für kleine Fischerboote. Am anderen Schleiufer rückt Haithabu und damit noch ältere Geschichte in den Blick. So paradox es klingt: Ein liebevoll gepflegter Friedhof mit weißer Kapelle ist hier Mittelpunkt des Lebens und hat so gar nichts Trauriges, um ihn gruppieren sich die Häuser kreisförmig. Am Eingangsbereich der Fischersiedlung dokumentiert das Holm-Museum mit beeindruckenden historischen Fotografien den Wandel in diesem Stadtteil.

www.stadtmuseum-schleswig.de

Holsteiner

Er springt prächtig, ist von kräftiger Statur, athletisch gebaut und hat lange, schlanke Beine, die ihm zu einem schwungvollen Galopp verhelfen. Die Rede ist vom Holsteiner Pferd, einer eigenen Züchtung, die im 14. Jahrhundert im Kloster zu Uetersen begann. Das einstige Arbeitspferd mauserte sich mit Kreuzungen vom Englischen Vollblut zu einem vielseitigen Reit- und Sportpferd. Das Hauptzuchtgebiet liegt, wo auch sonst, in Schleswig-Holstein. Allerdings kommen Züchter aus aller Welt, um bei den großen Veranstaltungen in den Holstenhallen von Neumünster die Pferde bei der Arbeit zu bewundern und für die eigene Zucht zu kaufen.

Holstentor

Dies ist der architektonische Star des Nordens und eines der am häufigsten fotografierten Gebäude Deutschlands: roter Backstein, glasiert, unter zwei Turmhauben. Das Lübecker Holstentor zierte einst die 50-DM-Scheine, seit 2006 die deutschen 2-Euro-Münzen. Es ist das Wahrzeichen der Stadt und Symbol für → *Hanse*, Handel, Macht schlechthin. Hamburger Kaufleute, die einst zur Besichtigung des neues Tores in die benachbarte Hansestadt gereist waren, sollen so beeindruckt gewesen sein, dass sie beschlossen, das Hamburger Steintor in ähnlicher Form zu bauen.

„Concordia domi foris pax" – Eintracht innen, draußen Friede – leuchtet golden die Inschrift an der stadtauswärts gewandten Seite. „S.P.Q.L." heißt es vollmundig auf der Stadtseite, „Senatus populusque Lubecensis", das war dem römischen Vorbild „S.P.Q.R." nachempfunden: „Senatus populusque Romanus" – Senat und Volk Roms. Angebracht wurden diese Inschriften allerdings nicht in hanseatischer Blütezeit, sondern 1871, dem Jahr der Tor-Restaurierung und der deutschen Reichsgründung.

So stand das Holstentor immer da, möchte man meinen. Das aber ist ein Irrtum. Als der Trutzbau 1478 (und nicht 1477, wie eine Inschrift behauptet) errichtet wurde, war der heute sichtbare Bau gar nicht zu sehen, denn das Holstentor, eines von ehemals vier Stadttoren, bestand zu seinen stärksten Zeiten aus vier Torbauten, zwei äußeren, dem mittleren und dem inneren. Was sich heute so trutzig präsentiert, war einst mittleres Tor. Äußere und innere Bauten mussten nach und nach weichen, man brauchte Platz, zuletzt 1853, als das äußere sogenannte Renaissancetor dem ersten Lübecker Bahnhof wich.

Zehn Jahre später wäre fast auch das Ende für das heutige Holstentor gekommen. Sein Zustand war schlecht, überhaupt stand es dem Fortschritt im Weg. Gegen feindliche Belagerer war von hier aus ohnehin nie geschossen worden; Napoleons Truppen stürmten 1806 durchs Burgtor. Denkbar knapp, mit 42 zu 41 Stimmen, beschloss die Bürgerschaft 1863 die dringend notwendige Sanierung des Holstentors. Dass es so schwindelerregend schief dasteht, ist übrigens ein altes Leiden. Schon während der Bauphase drückte sein Gewicht in den morastigen Boden. Erst 1933/34 konnte diese Bewegung gestoppt werden. Ein kleines Wunder also, dass es noch da und aus Lübeck nicht mehr wegzudenken ist. Ein einmaliges Tor, erbaut zwischen den Zeiten. Ist es noch Gotik oder schon Renaissance? Firmen, zuvorderst → *Marzipan*hersteller, schmücken sich heute mit seinem Bild. Als stadtgeschichtliches Museum dient es seit 1950. Seit sich das 2015 eröffnete Hansemuseum ebenfalls mit der städtischen Geschichte befasst, werden neue Ausstellungskonzepte diskutiert.

www.museum-holstentor.de

Hühnergötter

Die einst in Schleswig-Holstein lebenden Slawen waren sehr abergläubisch und brauchten Schutz vor allerlei Ungemach. Schon sie nutzten die typischen Strandsteine mit den charakteristischen Löchern, um Unheil und böse Geister fernzuhalten. Der Sage nach geht der Name auf den germanischen Donnergott Thor zurück, dem die Hühner heilig waren. Überhaupt wurden in vielen Völkern Steine mit Löchern als Schutzamulette für Tiere eingesetzt und an die Stalltüren gehängt. Strandsucher von heute lieben es, mit gesenktem Kopf auf Beutefang zu gehen. An den steinigen Strandabschnitten in Schleswig-Holstein finden sie Hühnergötter zuhauf, die sich anschließend auch dekorativ aufreihen lassen. So manche

Haustür wird auf diese Weise geschmückt. Vom Ursprung her handelt es sich um Feuersteinknollen mit Kreideeinlagerungen. Die Löcher entstehen wohl, so die Vermutung, durch fossile Einschließungen, die sich herauslösen.

Hummer

Mit großen Kulleraugen kann er auch irgendwie traurig schauen – mit viel Fantasie zumindest. Zum Kuscheln eignet er sich wahrlich nicht. Kommt man ihm zu nah, wird es wehtun. Sein Äußeres bringt nur Feinschmecker zum Strahlen – allen anderen gruselt es ein bisschen. Und dabei braucht er dringend Unterstützung, denn er ist vom Aussterben bedroht. Dabei gehörte er einst wirklich und wahrhaftig zu Schleswig-Holstein. Um → *Helgoland* rum tummelte er sich in Massen. Nun aber mal Butter bei die Fische: Haben Sie ein Herz für Hummer? Wenn möglich nicht nur auf der Speisekarte. Dann sind Sie die vielleicht zukünftigen Adoptiveltern dieser drolligen Scherenträger, und nicht nur das. Sie dienen der Wissenschaft bei einem Versuch. Die Biologische Anstalt des Alfred-Wegener-Instituts vergibt seit 2007 Patenschaften für Hummer, um die Aufstockung der Hummerpopulation vor Helgoland zu unterstützen. Etwa ein Jahr dauert die Aufzucht vom Ei bis zum Junghummer. Im freien Meer überleben die meisten Hummerbabys diese Phase nicht. Dazu sind sie wohl für die Wasserkollegen zu lecker. Hummer sind anscheinend etwas grätzig veranlagt. Auch wenn wir jetzt Gefahr laufen, die soeben erworbene Sympathie wieder zu verspielen, wollen wir ihren Hang zum Kannibalismus nicht verschweigen. Getrennte Kinderstuben gibt es aus gutem Grund. Die ganze Hummerbande hat sich nämlich zum Fressen gern. Werden die Kinder flügge, verlassen sie das Haus. Das ist auch bei Hummern nicht anders. Diese sind dann vier Zentimeter groß und haben bedeutend größere Überlebenschancen. Die Hummerpateneltern dürfen diesen Auszug begleiten und sind bei der Aussetzung vor Ort dabei. Eine Urkunde und eine Führung gibt es auch noch.

Für Feinschmecker: gekochter Hummer

Inseln

Land mit Wasser drum rum und weit genug weg vom schnöden Festlandsalltag: Wer reif für die Insel ist, der ist in Schleswig-Holstein richtig. 70 Kilometer vom Festland entfernt guckt mit → *Helgoland* Deutschlands einzige Hochseeinsel aus der Nordsee. Dichter bei sind die anderen Nordseeinseln (von Nord nach Süd):

Sylt (9030 Einwohner): Der 99,14 Quadratkilometer große Promitreff (der übrigens auch von ganz normalen Urlaubern geschätzt wird) ist die größte nordfriesische Insel und die größte deutsche Nordseeinsel. Hauptort ist Westerland, weitere bedeutende Kurorte sind Kampen und Wenningstedt. Seit 1927 verbindet der Hindenburgdamm Sylt mit dem Festland.

Föhr (8360 Einwohner): „Grüne Insel" wird dieses mit 82,82 Quadratkilometern zweitgrößte nordfriesische Eiland genannt. Weil es sich in den Windschatten von Sylt und Amrum duckt, kann die Vegetation üppiger gedeihen als auf den Nachbarinseln. Hauptort ist Wyk.

Amrum (2250 Einwohner): So viel Wald gibt es auf keiner anderen Nordseeinsel; einen so breiten Sandstrand auch nicht: Der feinkörnige → *Kniepsand* ist mit 15 Kilometern Länge und bis zu 1,5 Kilometern Breite eines der eindrucksvollsten Phänomene Amrums. Hauptort der 20,46 Quadratkilometer großen Insel ist das Dörfchen Nebel.

Pellworm (1160 Einwohner): Die 37,44 Quadratkilometer große Insel gilt als grüner Suppenteller. Grün wegen der Landschaft und der Tatsache, dass hier doppelt so viel regenerative Energie produziert wird, wie die Insulaner verbrauchen; Suppenteller, weil die Insel in Schnitt 50 Zentimeter unter dem Meeresspiegel liegt und am (Teller-)Rand von einem Seedeich geschützt wird – aus gutem Grund. Wie Nordstrand gehörte Pellworm bis zur zweiten Groten → *Mandränke* 1634 zur Insel Strand (auch Alt-Nordstrand genannt).

Nordstrand (2250 Einwohner): Ein breiter Damm zum Festland und nördlich davon noch ein → *Koog* – ist das 46,60 Quadratkilometer große Nordstrand überhaupt eine echte Insel? Jein. Heißt: von Natur aus Insel, aber eine von Menschen gemachte Halbinsel.

Die einzige Ostseeinsel Schleswig-Holsteins ist *Fehmarn*, sie ist dafür aber mit 12 410 Einwohnern auf einer Fläche von 185,45 Quadratkilometern die größte – und mit einer 78 Kilometer langen Küstenlinie der sonnigste Sandkasten Deutschlands. Mit durchschnittlich 2100 Sonnenstunden pro Jahr ist es hier so schön wie sonst nirgends. Hauptort ist Burg auf Fehmarn. Seit 1963 verbindet die 963 Meter lange Fehmarnsundbrücke die Insel mit dem ostholsteinischen Festland (→ *Vogelfluglinie*). Ein Tunnel als feste Fehmarnbeltquerung zur nordöstlich gelegenen dänischen Insel Lolland ist in Planung.

J

Jakobsweg

Viele Wege führen zum Grab des Heiligen Jacobus ins galizische Santiago de Compostela – aber auch durch Schleswig-Holstein? Na klar. Sogar auf drei alten Routen: Die Via Jutlandica ist die nördlichste deutsche Strecke unter den Jakobswegen. Sie kommt aus Skandinavien, führt zunächst von Flensburg bis Schleswig. Von hier geht die Hauptroute der Via Jutlandica nach Glückstadt (→ *Glück*) und weiter ins niedersächsische Stade; die Ostroute nimmt den Weg über Kiel zur alten mittelalterlichen Pilgersammelstätte Lübeck. Eine „Dithmarscher Jakobsweg" genannte Westroute der Via Jutlandica startet in Friedrichstadt (→ *Grachten*).

Die Via Skandinavica verbindet die skandinavischen Länder mit den Jakobswegen in der Mitte und im Süden Deutschlands. Sie führt von Fehmarn über Lübeck und geht weiter Richtung Niedersachsen nach Lüneburg, Hannover, Göttingen.

Die Via Baltica führt von Usedom durch Mecklenburg-Vorpommern, dann in Schleswig-Holstein nach Lübeck und von hier nach Hamburg, Bremen und Niedersachsen bis nach Osnabrück. Wer die Wege gehen will, findet Informationen, Erfahrungsberichte und Kartenmaterial unter:

www.deutsche-jakobswege.de
www.jakobswege-norddeutschland.de

Jöölboom

Bäume sind auf den → *Halligen* und manchen nordfriesischen → *Inseln* Mangelware, Tannenbäume noch weniger vorhanden. Dennoch wollten die Bewohner ihre Stuben zu Weihnachten festlich schmücken. Und so erfanden sie ihre eigene Variante vom Weihnachtsbaum. Aus immergrünen Zweigen wie Buchsbaum und Efeu schmückten sie einen kleinen Holzständer mit einem Kranz. Auf Sylt wurde er „Jöölboom" genannt, auf Föhr und Amrum „Kenkenbuum". Als Baumschmuck dienten Salzteigfiguren, → *friesisch* „Kenkentjüch" (wörtlich: Christkindzeug) oder „Popen" (Puppen) genannt. Mit der Verbreitung des Adventskranzes wurden auch am Jöölboom Kerzen angebracht und zu den Adventssonntagen angezündet. Nachdem der friesische Weihnachtsbaum im Lauf des 20. Jahrhunderts beinahe in Vergessenheit geraten war, erfreut er sich wieder wachsender Beliebtheit.

K

Karneval

Von wegen, Karneval ist nichts für Nordlichter! Das Städtchen Marne im Kreis Dithmarschen ist die Jeckenhochburg des Nordens, entsprechend groß wird dort die fünfte Jahreszeit gefeiert – und das nicht nur von den Einheimischen: Bummelig 20 000 Besucher feiern den Rosenmontagsumzug jedes Jahr mit. Der zieht seit 1978 durch den Ort, der selbst keine 5650 Einwohner hat. Wagen, Gruppen, Samba, Bonbons – es geht typisch karnevalistisch zu, Rathausstürmung inklusive (immer um 14 Uhr). Und wie es sich gehört, haben Karnevalsmuffel kaum eine Chance, dem Trubel zu entgehen. Was den Mainzern ihr „Helau!" und den Kölnern ihr „Alaaf!", ist den Marnern übrigens ein kräftiges „Marn' hol fast!"

Kenkner/Hulken

Seit vielen Jahrhunderten sind die kleinen verkleideten Gestalten immer am Silvesterabend unterwegs. Sie klopfen an Türen und verlangen forsch süße Leckereien. Ein Lied und viele Sprüche gibt es noch dazu. In anderen Regionen in Schleswig-Holstein gibt es das traditionelle → *Rummelpottlaufen*. Auf Amrum heißen die Spaßvögel Hulken, auf Föhr Kenkner.

Kieler Sprotten

Schmückt sich da etwa jemand mit fremden Federn (oder besser: Gräten)? Denn die nach der Landeshauptstadt benannten geräucherten kleinen Heringsfische stammen ursprünglich gar nicht aus Kiel, sondern aus Eckernförde. Das jedenfalls erzählt man sich vorzugsweise in Eckernförde. Weil der Transport aber über den Kieler Hauptbahnhof geführt habe, sollen danach die Fischkisten aus Eckernförde einen entsprechenden Stempel aufgedrückt bekommen haben. Eine schöne Geschichte. Wahr kann sie allerdings kaum sein, denn die erste Erwähnung der Kieler Sprotten liegt mehr als 70 Jahre vor Eröffnung des Eisenbahnabschnitts Kiel–Eckernförde und mehr als 30 Jahre vor Baubeginn des ersten Kieler Bahnhofs (1843). Wahr ist aber, dass einer der letzten Hersteller „Echter Kieler Sprotten" ein Eckernförder Unternehmen ist. „Echt" sind Kieler Sprotten übrigens nur, wenn sie aus dem Großraum der Kieler Bucht stammen. Zu „Kielern" werden nur Sprotten oder auch kleine Heringe geadelt, wenn sie um die zehn Zentimeter klein sind. Die Echten werden traditionell im sogenannten Altonaer Ofen über Buchen- oder Erlenholz mit Schwanz, Kopf, Gräten und Innereien geräuchert. Wem das nicht geheuer ist: Es gibt eine Sprotten-Version aus nichts als Schokolade, die wie die Fische in flache Holzkisten verpackt wird.

Kieler Woche

Mit 20 Yachten ging es am 23. Juli 1882 los. Heute ist die Kieler Woche eine der größten Segelsportveranstaltungen der Welt. Dass sie überhaupt die größte sei, gilt im Land als ausgemacht, darüber, ob Kiel auch die attraktivste jährliche Regattaserie zu bieten hat, herrscht zwischen Landeshauptstadt und Lübeck, der Ausrichterin der → *Trave-münder Woche*, Uneinigkeit. Hier wie da hat sich neben den sportlichen Großereignissen zu Wasser ein Volksfest etabliert, das in Kiel mit rund drei Millionen Besuchern und Aberhunderten Einzelveranstaltungen gewaltige Ausmaße annimmt. Gestartet wird die Kieler Woche traditionell in der letzten vollen Woche im Juni, auf zehn Regattabahnen stellt sich dann die Bandbreite des Segelsports vor.

Die Schuld an der Uneinigkeit darüber, welche der Regattaserien die attraktivste sei, ist im Zweifel Kaiser Wilhelm II. in die Schuhe zu schieben. Der besuchte die Kieler Regatten 1889 zum ersten Mal und kam von 1894 an jedes Jahr (ebenfalls seit 1894 ist von der „Kieler Woche" die Rede) mit seiner Yacht „Meteor" – offenbar mit lückenhaften Segelkenntnissen, denn überliefert ist dieses Zitat: „Wilhelm II. versetzte damals seine Mannschaft in Angst und Schrecken, sobald er das Ruder der riesigen Meteor beanspruchte. Majestät konnten kaum den Kurs halten." Glanz und Gäste verlieh der Kaiser der Veranstaltung aber allemal. Und er nutzte sie im Gegenzug, um die Stärke des Reiches zur See zu demonstrieren. Bald kamen 500 Yachten an die Kieler Förde, unter den hohen Gästen waren Zar Alexander III., König Leopold II. von Belgien, König Edward VII. von England.

Elitär ist die Kieler Woche längst nicht mehr. Entlang der Hafenpromenade Kiellinie und an der Hörn (Hafenspitze) sind Bühnen und Stände aufgebaut, auf dem Rathausplatz und in der Fußgängerzone lockt ein Internationaler Markt, und Kinder kommen auf der Spiellinie (Krusenkoppel) zu ihrem Recht.

Zur Kieler Woche gehören diverse Feuerwerke. Maritimer Höhepunkt ist die Windjammerparade am zweiten Sonnabend der Regattawoche.

www.kieler-woche.de

Klabautermann

Er macht Krach, und das ist gut: Der Klabautermann macht seinem Namen alle Ehre. Nach alter seemännischer Überlieferung ist er ein Segelschiffsgeist bzw. Kobold, der den Kapitän bei Gefahr oder drohenden Schäden am Schiff warnt, er tut dies, indem er mit seinem Kalfathammer klopft, den er im Übrigen stets bei sich trägt. Vom Kalfatern, also dem Abdichten der Plankennähte mittels Werg, das mit Kalfateisen und Kalfathammer in die Nähte geschlagen wird, leitet sich auch der Name Klabautermann her. Aufs Schiff kommen die Kobolde meist schon beim Bau, helfen dabei kräftig mit und kennen sich deshalb bestens aus. Launisch, wie sie sind, treiben sie dort auch mehr oder minder gutmütigen Schabernack. Zu sehen bekommt man sie fast nie, auch das ist gut, gilt es doch als schlechtes Zeichen. Man spricht aber von rothaarigen Wesen mit grünen Zähnen. Von Bord gehen sie selten, höchstens mal, um die Heimkehr des Käpt'ns anzukündigen. Sie verlassen das Schiff allerdings, wenn sein Untergang droht.

In der modernen Schifffahrt sind Einsatzplätze für Klabautermänner rar geworden, denn sie leben nur auf hölzernen Segelschiffen.

Alles nur Aberglaube? Dichter und Schriftsteller wie Heinrich Heine, Christian Morgenstern oder Theodor → *Storm* haben über Klabautermänner geschrieben – und Ellis Kaut, die mit dem Klabauter-Nachfahr „Pumuckl" weltberühmt wurde.

Klöben

Leicht gesüßtes Rosinenbrot aus Hefeteig, auf das unbedingt ordentlich frische Butter gehört – köstlich! Gegessen wird Klöben zum Frühstück, zum Nachmittagskaffee und zwischendurch. Außerhalb Schleswig-Holsteins und Hamburgs ist der Klöben meist als Stuten bekannt. „Rosinenbrot" sagt nur, wer streng auf seine Ernährung achtet und immun gegen Weißmehlverführungen ist. Um es mit Max Goldt zu sagen: „Ich wünschte, man büke mir einen Klöben."

Klöndör

Also das ist nun mal wirklich ein dolle und praktische Erfindung. Die zweigeteilte Haus- oder Scheunentür. Oben schnackt der Mensch, unten können Kinder nicht raus- und Kleintiere nicht reinlaufen. Zum Lüften eignen sie sich ebenfalls hervorragend. Früher gab es viele Klöndören im ländlichen Bereich. Sie werden heute auch in Neubauten eingesetzt, weil eben schön und praktisch.

Klootstock

Ein langer Stock als Nahverkehrsmittel. Ja gibt's das denn? Jawohl, und zwar bei den → *Friesen*. Die nutzten einst die drei bis vier Meter langen Stäbe, um die Gräben der Marschwiesen zu überspringen, denn ein ausgebautes Wegenetz gab es nicht. Sieht beim Hinschauen geschmeidig aus, aber ein bisschen Übung gehört wohl doch dazu. Ein reguläres Fortbewegungsmittel ist der Klootstock in Dithmarschen und Nordfriesland heute nicht mehr, dafür ein Sportgerät und eine Touristenattraktion. Seinen

Namen hat er vom dicken Ende des Stabes. Dort sitzt der Kloot, der Klumpen, der das Einsinken des Stockes beim Springen verhindern soll.

Bei der Schlacht von Hemmingstedt am 17. Februar 1500 war der Klootstock sogar die entscheidende Waffe auf dem Feld: 11 000 Angreifer eines dänisch-königlichen Heeres gegen 3000 Dithmarscher Bauern. Ein ungerechter Kampf. Doch die plietschen Dithmarscher fluteten ihre Felder und stupsten mit den Klootstöcken die schwer bewaffneten gepanzerten Ritter von ihren Pferden. Und für die schnelle Flucht eigneten sich die Stöcke allemal. Viele Angreifer ertranken, der Rest gab sich geschlagen.

Kluntje

Angeblich ist der Begriff ostfriesisch besetzt, die Nordfriesen kennen ihn aber genauso: Kluntjes sind Würfelkandisstücke, mit denen vornehmlich Tee gesüßt wird. Hergestellt werden die Kandisstücke in einer tagelangen Prozedur, bei der sie sich aus einer Zuckerlösung herauskristallisieren. Ihr Geheimnis: Im Tee lösen sie sich so langsam auf, dass ein Stück für zwei, drei Tassen reicht.

Klüsen

Wer sie dichtmacht, legt sich schlafen: Dass Klüsen eigentlich verstärkte Öffnungen in Bordwänden sind (durch die beispielsweise Ketten oder Trossen geführt werden), ist an Land nebensächlich. Hier wird der Begriff meist für Augen gebraucht, insbesondere für solche, die aussehen, als könnten sie eine Mütze voll Schlaf vertragen.

Typische Knicklandschaft in Ostholstein

Knick

Nein, reich an Wäldern ist Schleswig-Holstein wirklich nicht. Umso leidenschaftlicher hegt das Land im Norden seine Knicks: Wallhecken, seit dem 18. Jahrhundert zwischen die Äcker und Wiesen gepflanzt. Die von Menschen gemachten und gepflegten Ökosysteme nehmen etwa ein Prozent der Landesfläche ein und bieten Lebensraum für rund 7000 Tierarten vom Schmetterling Admiral bis zum Weidenlaubsänger Zilpzalp – Inseln der Seligen inmitten intensiv betriebener Landwirtschaft und ein gutes Stück Tradition.

Zum Knick gehört der Randstreifen beiderseits des Erdwalls, der mit seinen Gräsern und Stauden nicht nur ein Nahrungs-Dorado für Falter und Bienen ist, sondern auch Pufferzone, die den Wall vor Beschädigungen durch landwirtschaftliche Geräte und vor Kontakt mit Dünge- und Pflanzenschutzmitteln schützt.

Entstanden sind Knicks, als im Rahmen einer Landreform um 1750 das Land vermessen und die bisher gemeinschaftlich bewirtschaftete Fläche unter den Bauern aufgeteilt wurde. Von nun an galt es, Felder zu begrenzen und das, was auf ihnen wuchs, zu schützen. Also schüttete man kleine Wälle auf und bepflanzte sie mit einheimischen, gern stacheligen Gehölzen. Typisch sind Weißdorn, Holunder, Haselsträucher, Hainbuchen, Weiden. Damit der Bewuchs aber auch so dicht wurde, dass er Nachbars gefräßiges Vieh abhalten konnte, wurden junge Triebe geknickt (daher der Name) und zum Wurzeln in die Erde gesteckt.

Pflege verlangen Knicks nach wie vor. Alle paar Jahre müssen sie auf den Stock gesetzt, also fachgerecht gestutzt werden, weil die Gehölze sonst auswachsen und unten herum verkahlen; der Knick verlöre seine Dichte und damit seine typische Schutzfunktion. Vereinzelte Knick-Eichen bleiben traditionell verschont, früher, weil sie wertvolles Baumaterial lieferten, heute der Schönheit und der ökologischen Bedeutung wegen.

Schutz gibt es auch für die Knicks: § 30 des Bundesnaturschutzgesetzes („Gesetzlich geschützte Biotope") und § 21,1 des Landesnaturschutzgesetzes („Biotopverbund, Biotopvernetzung") haben die dauerhafte „Sicherung der Populationen wild lebender Tiere und Pflanzen einschließlich ihrer Lebensstätten, Biotope und Lebensgemeinschaften sowie der Bewahrung, Wiederherstellung und Entwicklung funktionsfähiger ökologischer Wechselbeziehungen" im Visier.

Übrigens: Ist ein Weg oder eine Straße beidseitig von Wallhecken begrenzt, nennt man das Redder.

Unendlich: der Kniepsand von Amrum

Kniepsand

Es ist schon ziemlich wunderschön, was sich den Augen hier bietet. Der Kniepsand von Amrum ist eine landschaftliche Ausnahmeerscheinung. An der Westküste der Insel zieht sich ein 15 Kilometer und bis zu 1,5 Kilometer breiter Strandstreifen, der aufgrund seiner besonderen Beschaffenheit Kniepsand genannt wird. Das Wort kommt aus dem → *friesischen* Dialekt Öömrang, von „kniap" für kneifen. Weiß und feinsandig liegt er wie ein riesiges Seidentuch ausgebreitet vor den Strandbesuchern und schmiegt sich um die Insel. Genau genommen und geologisch gesehen ist er eine extrem langsam wandernde Sandbank in der Nordsee und hat das Antlitz von Amrum im Laufe der Jahrzehnte immer wieder verändert. Schön ist er überall, an manchen Inselorten noch einen Hauch breiter, an anderen Stellen ruhiger und naturbelassener. Die bekanntesten Strandabschnitte gibt es in Norddorf, Nebel, Süddorf und Wittdün.

Kogge

Alle Welt kennt das Wort, aber wie genau das Ding aussah, weiß man erst seit einigen Jahren sicher: Die Kogge, das Schiff der → *Hanse*, war mehr als 200 Jahre lang der Lastenträger des 13. und 14. Jahrhunderts und Motor des Erfolgs der mittelalterlichen Kaufmanns- und Städtevereinigung. Entwickelt hatte sich die Kogge aus einem friesischen Wattenfahrzeug.

Dieses seetüchtige Schiff stellte alle bis dahin gebauten Schiffstypen vor allem mit seiner hohen Traglast in den Schatten. 100 bis 120 Weinfässer konnte eine Kogge fassen. Außer Wein verschifften die Hansekaufleute Getreide, Pelze, Wachs, Holz, Tuche, Waffen, Hausgerät, → *Salz*, Stockfisch, Heringe, Eisen – kurzum alles, was den Wohlstand mehrte. Koggen hatten einen Mast und ein Rahsegel, ein Achterkastell, ein Steuerruder mittig am Heck. Der Hanse stand eine Flotte zur Verfügung, die lange Zeit größer war als die englische. Die Bedeutung der Koggen für die Vormacht der Hanse bekunden die Siegel zahlreicher Städte, die diesen Schiffstyp im Bild haben. Auch das seit 1223 nachweisbare Lübecker Schiffssiegel zeigt eine Kogge.

Die Kogge, ein Erfolgsmodell. Aber dennoch hatte man bis 1962 nur unklare Vorstellungen davon, wie dieses Schiff ausgesehen haben könnte, denn geblieben waren nur ungenaue, zumeist verfremdete bildliche Darstellungen und urkundliche Erwähnungen. Baupläne? Fehlanzeige. Die alten Schiffsbaumeister hatten im Kopf, wie zu arbeiten war. Dann kam 1962 bei Baggerarbeiten in der Weser das Wrack einer Kogge zu Tage, deren Holz für Kiel, Steven und Querbalken im Herbst 1378 im Weserbergland geschlagen worden war, wie dendrochronologische Untersuchungen ergaben. Seitdem weiß man, wie die Erfolgsschiffe aussahen. Die Maße der Kogge aus dem

Weserschlick: 23,20 Meter lang, 7,80 Meter breit, 2 Meter Tiefgang, 24 Meter Mastlänge. Die Bremer Kogge, 1380 gebaut, ist heute im Deutschen Schiffahrtsmuseum in Bremerhaven zu besichtigen. In Kiel ist ein Nachbau der Bremer Kogge, die Kieler Hansekogge, zu sehen.

Typisch für diese Schiffe waren die in Klinkerbauweise verarbeiteten Planken der Bordwände. In Lübeck ist mit der „Lisa von Lübeck" der Nachbau einer größeren Kogge-Nachfolgerin zu sehen. Das auch als Kraweel bezeichnete Schiff ist auf Stoß beplankt, heißt: Die Planken überlappen sich nicht klinkerartig, sondern liegen nebeneinander. Dieser Schiffstyp kam zum Ende des Mittelalters auf und hatte seine Vorbilder im Mittelmeerraum.

Übrigens: So wenig wie man bis in die 1960er-Jahre vom Aussehen einer Kogge wusste, so wenig weiß man, woher das Wort Kogge kommt; ob vom französischen „coquille" für Muschel, oder ob es innerhalb der Hanse von „Kog" (für gewölbtes Gefäß) oder „Kag" (für Pfahl) hergeleitet wurde, ist strittig.

Koggen in Schleswig-Holstein
Kieler Hansekogge, Liegeplatz Sartorikai, Wall 65, 24103 Kiel, www.hansekogge.de
„Lisa von Lübeck", Liegeplatz Nördliche Wallhalbinsel, Willy-Brandt-Allee 19, 23554 Lübeck, www.hanseschiff-luebeck.de

Kohl

Die festen grünen Köpfe spielen in Schleswig-Holstein eine außergewöhnliche Hauptrolle. Auf den fetten Marschenböden gedeihen die Starkzehrer nämlich besonders gut. Daher liegt das größte zusammenhängenden Kohlanbaugebiet Europas in Dithmarschen. 80 Millionen

Köpfe werden jedes Jahr geerntet. Es gibt Kohl-Regentin-
nen, Kohltage, ein Kohlosseum, das über die Geschichte
des Kohls mit schmackhaften Verkostungen von Sauer-
kraut Auskunft gibt. Gesund ist er auch noch, denn er hat
viel Vitamin C in sich.

www.kohlosseum.de

Kömgrenze

Korn, Kümmel – Köm. Es geht um Aquavit, aber nicht
irgendeinen, denn Köm ist Nationalgetränk, was aber
nicht heißt, dass sich die Nordlichter über dessen Beschaffenheit einig sind. Geel oder witt – gelb oder weiß, das ist
hier die Frage, die das Land teilt. Das Flüsschen Arlau im
Kreis Nordfriesland gilt dabei als Köm-Äquator: Nördlich
wird gelber Köm getrunken, südlich weißer. Geeler Köm
ist Herz-Bestandteil des nordfriesischen Teepunschs.
Übrigens: Wer in einer Kneipe ein „Lütt un Lütt" (Klein
und Klein) bestellt, möchte einen kleinen Köm und ein
kleines Bier.

Koog

Ein Koog ist durch Deichbau gewonnenes flaches Marsch-
land. Wo Deiche stehen, gibt es dahinter also meist einen
Koog. Etwa 230 Köge sind in Schleswig-Holstein im Lauf
der Jahrhunderte entstanden. Besonders verbreitet sind
sie in Dithmarschen und Nordfriesland. Die ältesten sind
auf der Halbinsel Eiderstedt zu finden. Sie stammen aus
dem 11. Jahrhundert. Das Wort Koog heißt ursprünglich
„hohes Land vor dem Deich". Da ein Koog oft niedriger
als der Wasserspiegel der angrenzenden Gewässer liegt,
muss das Binnenland ständig entwässert werden. Diese

Aufgabe übernehmen Vorfluter, Siele, Schöpfwerke und Wasserpumpen. Die Köge tragen eigene Namen wie der Wesselburenerkoog, der → *Hauke Haien*-Koog usw.

Krabben

Wie trügerisch ist dieser Name: Wir meinen kleine, rosa, leckere „Krabben" auf dem Brötchen, auf Schwarzbrot oder zum Rührei zu verputzen, doch tatsächlich ist die Nordseekrabbe eine Garnele. Krabben dagegen sind runde, mit kräftigen Scheren bewehrte Krebse. Was den Norden und ganz besonders die Gemeinde Büsum in Dithmarschen berühmt gemacht hat, ist die schlanke, auch Porre oder Granat genannte Nordsee- oder Sandgarnele, ein langschwänziger, bis zu acht Zentimeter langer, mit kleinen Scheren bewaffneter Zehnfußkrebs. Und der ist auch ungekocht eine phänomenale Erscheinung. Verbreitet ist die Nordseegarnele vom Weißen Meer bis zur marokkanischen Atlantikküste. Weibliche Nordseegarnelen legen bis zu 14 000 Eier pro Saison. Ob Männchen oder Weibchen, das entscheidet sich übrigens erst im zweiten, dritten Lebensjahr. Die Nordseegarnele ist außerordentlich gefräßige Jägerin kleiner Bodentiere und von Fischen, Vögeln, → *Seehunden* und Menschen Gejagte in einem.
Gekocht werden die Garnelen gleich an Bord in Nordseewasser, das verwandelt ihre blauschwarze Erscheinung in appetitliches Rosa. Am besten sind sie direkt vom Kutter – und da fangen für viele begierige Verbraucher die Probleme an: Wie wird man den harten Panzer los? Krabbenpulen nennt man diesen Akt, bei dem der Garnelenkopf mit Daumen und Zeigefinger der einen Hand fixiert wird, während die andere sachte den Garnelenkörper dreht, bis der Chitinpanzer mittig bricht. Dann wird erst der Schwanz – mit Gefühl! – vom Panzer befreit, schließlich

Krabben, noch ungepult, aber schon gekocht

der Kopf herausgelöst. Klappt nicht auf Anhieb? Das ist normal. Krabbenpulen muss geübt werden. Und wenn's gar nicht funktioniert: Es gibt Nordseekrabben auch „nackt", nämlich professionell in Marokko, Polen, Weißrussland oder von einer Krabbenpulmaschine präpariert zu kaufen. Dann allerdings entgehen einem die Schalen, aus denen sich die Basis für eine Krabbensuppe brauen ließe …

Krokusblüte

Einen Traum in Lila erleben die Besucher der Krokusblüte in Husum. Millionen Frühlingsboten recken ihre zarten Blütenköpfe aus dem grünen Rasen vor dem Husumer Schloss und sorgen alljährlich für entzücktes Staunen. So einfach kann Freude sein. Wo kommen die denn eigentlich her? Dafür gibt es gleich zwei Geschichten. Bevor das Husumer Schloss gebaut wurde, stand an gleicher Stelle ein Franziskanerkloster. Die Mönche pflanzten die Krokusse an, um kostbare Safranfäden zu ernten und ihre liturgischen Gewänder zu färben. Den gleichen Grund sollen die Herzoginnen Augusta und Maria Elisabeth im

17. Jahrhundert zur Massenpflanzung bewogen haben, so die andere Variante der Geschichte. Beide dürften sich gewundert haben, denn das lila Blütenmeer in Husum aus der wild wachsenden Art „crocus napolitanus" gibt keinen Safran her.

Kühe

Weiter Himmel, grüne Weiden, schwarz-weiße Kühe: Gemessen an seiner Größe und seinen Einwohnern kann kein anderes Bundesland so viele Kühe sein Eigen nennen wie Schleswig-Holstein. Obwohl rückläufig, ist die Zahl beeindruckend: Rund 1,11 Millionen Rinder – davon reichlich ein Drittel Milchkühe – gibt es im Land, theoretisch sind das 70,24 Rinder pro Hektar Land und 0,39 Tiere pro Einwohner. Das zweitplatzierte Niedersachsen hat nur 55,2 Rinder pro Hektar und 0,33 pro Einwohner zu bieten; Bayern liegt geradezu abgeschlagen mit 45,64 Tieren pro Hektar und 0,25 pro Einwohner auf Rang drei. Schleswig-Holsteins Rinder tragen wie gesagt mehrheitlich Schwarz-Weiß und gehören in der Regel der Rasse Holstein an, die wiederum in den Farbrichtungen Schwarz-Weiß (Holstein-Friesian) und Rot-Weiß (Red Holstein) gezüchtet wird.

Seinen Siegeszug machte die Rasse allerdings nur mittelbar von Holstein aus, denn gezüchtet wurde sie in Nordamerika, dorthin hatten friesische und holsteinische Auswanderer die tierischen Ahnen mitgenommen. Über das Meer zurück kamen die Kühe wegen ihrer hohen Milchleistung. Sie machten der zweiten norddeutschen Berühmtheit in Sachen Milchproduktion, dem schwarzbunten Niederungsrind, Konkurrenz.

Links: Krokusblüte auf dem Rasen vor dem Husumer Schloss

L

Labskaus

Also, die Optik ist jetzt nicht so überragend. Sieht eher aus wie schon einmal gegessen. Aber es schmeckt richtig gut, sonst wäre das alte Seemannsgericht Labskaus auch längst von den Speisekarten verschwunden. Seereisen waren früher lang. Kühlschränke gab es nicht. Dafür jede Menge Matrosen mit kaputten oder fehlenden Zähnen. Von wegen Skorbut und so. Also musste was Weiches her: Gepökeltes Fleisch (heute frisches Rindfleisch oder Corned Beef), Rote Bete, Kartoffeln, → *Matjes*, Gurken, alles schön püriert, und oben drauf ein Spiegelei. Man darf vermuten, dass das mit dem Spiegelei auf See auch nicht so leicht war. Und es wird national auch unterschiedliche Varianten geben. Erstmals erwähnt wird Labskaus von dem englischen Autor Ned Ward im Jahr 1706. Es wird nicht nur in Norddeutschland, sondern auch in Skandinavien und Großbritannien genossen.

Lange Anna

Schon von Weitem ist sie zu sehen, und sie hat auch noch eine kleine Schwester. Rot, 47 Meter hoch, ragt sie in den Himmel. Die Rede ist von einer frei stehenden Felsnadel, vom Volksmund liebevoll „Lange Anna" getauft. Hin kann man nicht, nur drauf schauen. Und zwar am besten, wenn man sich auf dem Oberland von → *Helgoland* befindet. Früher war die Lange Anna noch fester Bestandteil der

Helgoland mit seinem Wahrzeichen, der Langen Anna

Insel. 1860 gab es einen folgenschweren Abbruch, und so kam es zur räumlichen Trennung. Dafür ist sie jetzt ein Wahrzeichen. Hat ja auch was. Für Seevögel ist sie sogar mehr als das, nämlich ein beliebter Nistplatz. Hier findet auch der spektakuläre Lummensprung statt, sprich: Im Alter von etwa drei Wochen stürzen sich die noch flugunfähigen Küken der dort brütenden Trottellummen (ein Meeresvogel aus der Familie der Alkenvögel) hinunter in die Fluten, wo sie von den Eltern, meist dem Vater, weitergefüttert werden, bis sie flugfähig sind. Zu diesem ungewöhnlichen Verhalten kommt es, weil die Trottellummen für ihr Gewicht relativ kleine Flügel haben und es die Erwachsenen zu viel Kraft kosten würde, das Futter für ihre gefräßigen Teenager fliegend heranzuschaffen.

Die kleine Schwester der Langen Anna findet nicht so viel Beachtung. Die Kurze Anna ist 50 Meter weiter östlich, und es gibt sie erst durch den Abbruch eines großen Felsstücks 1976.

Leuchttürme

Sie sind die wahren Nordlichter im Land: die Leuchttürme. 60 zählt der Leuchtturmatlas für Schleswig-Holstein, 26 an und in der Nordsee, 34 an der Ostsee. Die
Ursprünge dieser Bauwerke reichen tief in die Geschichte.
Vielleicht waren es einst Frauen, die ihren seefahrenden
Männern heimleuchteten. Der erste Leuchtturm überhaupt soll der Pharos von Alexandria in Ägypten gewesen
sein, der mehr als 1600 Jahre in Betrieb war, bevor er 1303
bei einem Erdbeben einstürzte.
Und welches sind Schleswig-Holsteins schönste Leuchttürme? Das liegt wie immer im Auge des Betrachters.

Lichter der Nordsee

Zu den am häufigsten fotografierten gehört ohne Zweifel
das 1906/1907 erbaute, 41,5 Meter hohe rot-weiße Leuchtfeuer Westerheversand mit seinen beiden Wärterhäusern
zur Seite. In ihm kann man sich von April bis September
immer freitags (nach Anmeldung!) trauen lassen
(www.westerhever-nordsee.de). Heiraten kann man an
der Nordsee auch auf Sylt im Leuchtturm Hörnum
(www.gemeinde-sylt.de), im Leuchtturm Amrum (www.
amrum.de) und im Leuchtturm Pellworm (www.
leuchtturm-hochzeit.de). Auf Deutschlands einziger
Hochseeinsel reckt sich das 1941 als rechteckiger Turm
aus roten Ziegeln erbaute Leuchtfeuer → *Helgoland* mit
dem lichtstärksten deutschen Feuer überhaupt. Sichtweite:
28 Seemeilen. Auf Sylt steht mit dem 1856/1857 erbauten,
11,3 Meter hohen Leuchtturm List West auf dem Ellenbogen Deutschlands nördlichstes Gebäude, es trägt eine
rote Kuppe auf weißem Turm. Ein Schätzchen ist der 1929
erbaute alte Leuchtturm Dagebüll (seit 1988 außer
Betrieb) – das als Minihotel Platz für zwei Personen hat
(www.leuchtturm-dagebuell.de).

Lichter der Ostsee

Ältester Leuchtturm im Land ist der 31 Meter hohe Alte Leuchtturm in Travemünde. Der rote Backsteinbau stammt aus dem Jahr 1539, ein erstes Hafenzeichen gab es an seiner Stelle bereits 1226. Bis 1972 war er als Leuchtfeuer in Betrieb. Er steht im Schatten des höchsten Leuchtfeuers in Europa, das gleich nebenan in 114 Metern Höhe vom Dach des Maritim-Hotels 18 Seemeilen weit zu sehen ist. Diese Einrichtung mag moderner sein, aber ohne Zweifel interessanter ist der historische Leuchtturm; der nämlich ist seit 2004 ein Museum, in dem in acht Geschossen Maritimes zu sehen ist. Wer schwindelfrei ist, tritt ganz oben auf einem schmalen Rundgang ins Freie und hat einen fantastischen Blick über den Fischerort, die Trave und die Ostsee (www.leuchtturm-travemuende.de). Zwar nur 14 Meter hoch, aber ein Kleinod ist das 1871 erbaute Leuchtfeuer auf der Lotseninsel Schleimünde.

Eine wirkliche Schönheit ist der 20 Meter hohe, 1895 in Betrieb genommene Leuchtturm Holtenau am Nordufer der Zufahrt zum → *Nord-Ostsee-Kanal* in Kiel-Holtenau. Der achteckige Unterbau dient zudem als Trauzimmer (www.kiel.de; www.hochzeit-an-der-ostsee.de).

Geheiratet werden kann an der Ostsee außerdem im Leuchtturm Falshöft (www.leuchtturm-falshoeft.de), im Leuchtturm Dahmeshöved (www.dahme.com), im Leuchtturm Flügge auf Schleswig-Holsteins einziger Ostseeinsel Fehmarn (www.fehmarn.de) und im Leuchtturm Neuland bei Behrensdorf (www.behrensdorf-ostsee.de).

Lewer duad üs slaw

„Lieber tot als Sklave" – Die → *Friesen* hatten immer schon einen Hang zum Drama. Als Quellen und Ursprung für diese starke Aussage werden gleich mehrere angegeben, die immer im Zusammenhang von Konflikten und kriegerischen Auseinandersetzungen stehen. Der Ausspruch „Lewer duad üs slaw" bekräftigt auf jeden Fall den Drang zur Unabhängigkeit und fasst das Leitbild der Friesen perfekt in einen Satz. Er findet sich auch heute an vielen Stellen, je nach Dialekt in unterschiedlichen Schreibweisen. Die markantesten Sagen sind die von Jens Lüng und → *Pidder Lüng*.

Jens Lüng lebte auf der Insel Sylt. Bei einer Sturmflut wurden alle Dorfbewohner außer Jens und einer Jungfrau getötet. Nur sein Haus und die Kirche blieben verschont. Er heiratete die Jungfrau, und als frommer Mann übte er weiter seinen Glauben aus. Als die Dänen das Land um List an sich nehmen wollten, beschloss Jens Lüng weiterzuziehen. Den Besitz der Kirche wollte er retten und nahm ihn mit auf sein Segelboot. Vor Rantum lief er aber auf Grund. Die Bewohner der Gemeinde überfielen ihn und stahlen viele der Wertsachen. Nur den Altar konnte er retten. Er konnte fliehen und fand an anderer Stelle ein neues Heim. Der Papst schickte neue Priester nach Sylt und verlangte tiefste Frömmigkeit. Jens Lüng hatte seinen Altar mittlerweile der Kirche in Eidum vermacht. Als er eines Tages zum Gottesdienst kam, erkannte er seinen Altar wegen der Verzierungen kaum wieder. Während des Gottesdiensts kniete die Gemeinde nieder. Lüng, dem die neu gewonnene übertriebene Gottesfurcht der Sylter zuwider war, weigerte sich jedoch, der Aufforderung nachzukommen. Mit dem Ausruf „Lieber tot als Sklave der Priester!" erstach er sich selbst mit seinem Messer.

Mandränke

In Husum ist die Katastrophe für jeden Besucher sichtbar abzulesen. In einer Ecke des Binnenhafens ragt ein übergroßer Pfahl aus dem Wasser. An diesem Flutpfahl lässt sich viel von der Husumer Stadtgeschichte ablesen. Hier sind die Wasserstände der höchsten Sturmfluten der vergangenen Jahrhunderte markiert. Bei der „Groten Mandränke", bekannt auch als Marcellusflut, starben vom 15. bis zum 17. Januar 1362 nicht nur viele Tausend Menschen, sondern die Landkarte von Schleswig-Holstein bekam auch ein ganz neues Antlitz. Die nordfriesischen → *Uthlande* mit → *Rungholt*, Everschop und Utholm versanken. Aus der kleinen Siedlung Husembro, dem heutigen Husum, konnte sich dank des neu geschaffenen direkten Meereszugangs eine florierende Handelsmetropole entwickeln. Zunächst jedenfalls – bis eine zweite große Flut, die sogenannte Burchardiflut, 1634 diese Entwicklung stoppte. Sie verwüstete und veränderte die Landschaft erneut. Von der früheren Insel Strand (Alt-Nordstrand) sind heute nur noch die → *Insel* Pellworm, die Halbinsel Nordstrand und die → *Halligen* Nordstrandischmoor und Hamburger Hallig sowie der sogenannte Rungholtsand übrig geblieben, eine Sandwattfläche, bei der es sich wahrscheinlich um Überreste des kleinen Waldes in der Nähe Rungholts handelt. Wie sich das Land unter dem Einfluss der Sturmfluten veränderte, können Besucher eindrucksvoll im NordseeMuseum Husum (Nissenhaus) erleben.

www.museumsverbund-nordfriesland.de

Mann, Schriftstellerfamilie

Sie gehören zu den großen Söhnen des Landes und reprä-
sentieren die berühmteste Schriftstellerfamilie überhaupt:
Heinrich Mann und sein um vier Jahre jüngerer Bruder
Thomas Mann, der vornehmlich für seinen Lübeck-
Roman „Buddenbrooks" mit dem Literaturnobelpreis aus-
gezeichnet wurde.

Die Brüder sind vornehmer Herkunft. Vater Thomas
Johann Heinrich Mann, ein wohlhabender Lübecker
Kaufmann, ist Königlich Niederländischer Konsul und
Senator für Wirtschaft und Finanzen. Geboren werden
Heinrich und Thomas Mann 1871 bzw. 1875 an der Brei-
ten Straße, getauft in der nahen Marienkirche. Das Haus
der Großeltern gleich um die Ecke an der Mengstraße
(Buddenbrookhaus) ist ihnen zweite Heimat. Die Brüder
besuchen das altehrwürdige Katharineum. 1890 erlebt
Thomas – Bruder Heinrich hat eine Buchhändlerlehre in
Dresden angetreten – den 100. Geburtstag der väterlichen
Firma, schreibt dazu später, dass er „Stadt und Hafen in
Flaggen" gesehen habe.

Dann ändern zwei Todesfälle das Leben. Im Dezember
1890 stirbt die Großmutter, das Haus an der Mengstraße
wird verkauft, 1891 stirbt der Vater und wird auf dem
Burgtorfriedhof beigesetzt. Per Testament verfügt er die
Liquidation der Firma und den Verkauf des Wohnhauses.
1894 verlässt Thomas das Katharineum und folgt der Mutter nach München.

Kontakte nach Lübeck bleiben. Zwar stößt Thomas Manns
1901 erscheinender Roman „Buddenbrooks" nicht nur auf
Wohlwollen, dafür hat er seine Lübecker zu gut getroffen,
aber er kommt immer wieder zu Besuch. Keineswegs auf
Wohlwollen stößt Heinrich Manns „Professor Unrat". Als
der Roman 1905 mit deutlichen Lübecker Zügen und
einer Titelfigur erscheint, die unverkennbar Personal des

Katharineums zum Vorbild hat, wird das Buch in der Stadt möglichst totgeschwiegen.

Die Nationalsozialisten vertreiben die berühmten Schriftsteller-Brüder aus Deutschland. Heinrich Mann flieht 1933 nach Frankreich, 1940 in die USA, wo Thomas, der mit seiner Familie erst in die Schweiz, dann nach Frankreich und schließlich ebenfalls nach Amerika emigriert, bereits seit 1938 lebt. Von hier dringt nach Lübeck, was Thomas Mann an der Trave so lange zutiefst übel genommen wird: „… lieb ist es mir nicht zu denken, dass die Marienkirche, das herrliche Renaissance-Rathaus oder das Haus der Schiffergesellschaft sollten Schaden erlitten haben. Aber ich denke an Coventry und habe nichts einzuwenden gegen die Lehre, dass alles bezahlt werden muss", sagt er im April 1942 in der BBC-Sendung „Deutsche Hörer" nach dem Bombenangriff auf Lübeck.

Und doch gibt es für Thomas Mann ein versöhnliches Ende. Im Mai 1955 wird er in Lübeck mit der Ehrenbürgerwürde ausgezeichnet. Er stirbt am 12. August 1955 in Zürich.

Heinrich Mann sieht Deutschland nicht mehr. Er stirbt am 12. März 1950 im kalifornischen Santa Monica kurz vor seiner geplanten Rückkehr.

www.buddenbrookhaus.de

Marzipan

Marzipan gehört zu Lübeck wie die Butter aufs Brot. Mindestens 70 Prozent Marzipanrohmasse muss es, höchstens 30 Prozent Zucker darf es laut Selbstverpflichtung der Lübecker Marzipanhersteller haben und den Namen Lübecker Marzipan darf nur Marzipan tragen, das aus Lübeck in Schleswig-Holstein und den angrenzenden Gemeinden Bad Schwartau und Stockelsdorf kommt.

Die süße Verführung: Lübecker Marzipan

Thomas → *Mann*, in Lübeck geboren, beschrieb die Süßigkeit als üppige „Magenbelastung" aus Mandeln, Zucker und Rosenwasser, bei der der „Orient im Spiel ist". Das Rezept zu diesem „Haremskonfekt", so vermutete er, sei „über Venedig nach Lübeck an irgendeinen alten Herrn Niederegger gekommen".

Tatsächlich gründete der alte Herr Niederegger mit den Vornamen Johann Georg vor mehr als 200 Jahren ein Familienunternehmen, das zum weltweit bekanntesten aller Marzipanhersteller wurde und auch die ganze Welt beliefert. Bei Ursprung und Inhalten lag Thomas Mann ganz richtig, irrte allerdings bei der Vermutung, der alte Niederegger sei der erste Marzipanproduzent in Lübeck gewesen. Die Herstellung der Magen- und Hüftbelastung wurde hier nämlich schon 1530 urkundlich erwähnt. Bis ins 18. Jahrhundert hinein war sie Sache der Apotheker, denn Marzipan wurde als Heilmittel teuer gehandelt. Teuer blieb es auch, als es endlich von Zuckerbäckern hergestellt werden durfte, denn seine Hauptzutaten – Mandeln und vor allem Zucker – waren kostbare Güter. Umso fabelhafter sind Marzipangeschichten, die in Lübeck bis heute gesponnen werden: Da sollen während einer Hungersnot – ausgerechnet! – Mandeln und Zucker die letzten Vorräte in der Stadt gewesen sein, aus denen die Hanseaten in ihrer Not Brot formten. Ein anderes Märchen erzählt von Belagerern, die man über die Stadtmauer hinweg mit Marzipanbroten beschossen habe, um unerschöpfliche Vorräte vorzugaukeln.

Die rekonstruierbare Wahrheit des Marzipan-Siegeszugs an der Trave ist ebenfalls erstaunlich. Im 19. Jahrhundert ist die Hansestadt von französischen Soldaten erobert, geplündert, besetzt. Napoleon lässt Elbe und Weser für den Handel mit England sperren; die Güter werden knapp, die wirtschaftliche Not immer größer. In diesen schwierigen Zeiten arbeitet Johann Georg Niederegger, geboren 1777 in Ulm, an seiner Karriere als Konditor. Wann genau das Marzipan ins Spiel kam, ist unklar. Sicher hat die Mecklenburger Zuckerrübe, die um 1800 die teuren Zuckerimporte aus Übersee überflüssig machte, die Produktion wesentlich vereinfacht. Anfang der 1830er-Jahre jedenfalls verteidigt Niederegger das Recht auf Herstellung von Mandel- und Makronenkonfekt erfolgreich gegen die Freibäcker. Zu diesem Zeitpunkt ist sein Marzipan, das im Gegensatz zur abgeflämmten Königsberger Sorte fein und weiß ist, bereits Markenartikel.

Im Niederegger-Stammhaus an der Breiten Straße 89 in 23552 Lübeck wird der Besucher mit mehr als 300 Spezialitäten verführt. Im Marzipan-Salon werden Geschichte und Geschichten rund um die Nascherei erzählt. Der Weg dorthin führt durch das Café, Spezialität: mit Marzipan gedeckte Nusstorte.

www.niederegger.de

Matjes

Aus einem Hering kann viel Gutes werden, aber das Beste ist der Matjes, diese mild salzige, im Mittelalter entwickelte Fischspezialität, der zwar vielerorts in Schleswig-Holstein gehuldigt wird, die jedoch, das muss der Neid den Erfindern lassen – in den Niederlanden entstanden ist. Schon der Name verrät den Ursprung: Das Wort Matjes kommt von „Maagdenharing" (= Mädchenhering).

Wie aber wird der Allerweltsfisch Hering zur Delikatesse? Zunächst einmal braucht es die richtige Zeit, nämlich den Frühling, zum Fang. Dann sind die Heringe noch nicht bereit zur Fortpflanzung, haben also weder Rogen noch Milch ausgebildet, sich aber schon reichlich Fett (mehr als 15 Prozent) angefressen. Aus dem Wasser gefischt werden sie gekehlt, ausgenommen, in → *Salz*lake gelegt; ihren zarten Biss erhalten sie, weil zwar Kiemen und Innereien entfernt werden, nicht aber die Bauchspeicheldrüse, deren Enzyme den Matjes reifen lassen. Den Kehlschnitt, der dies möglich machte, „erfand" 1395 der Fischer Willem Beukelzoon – vermutlich zufällig, aber mit appetitlichen Folgen.

Dass der moderne Matjes nicht mehr wie einst nur im Frühling, sondern das ganze Jahr über produziert werden kann, ist der Tiefkühlung vor dem Einsalzen zu verdanken.

Hergestellt wird Matjes natürlich nicht nur in den Niederlanden, nur dort gefeiert schon gar nicht. In Schleswig-Holstein lädt Glückstadt im Kreis Steinburg (→ *Glück*) jedes Jahr am zweiten Donnerstag im Juni zur Matjesprobe ein, mit der die Matjeswochen eröffnet werden. Im alten Stil genießt man Matjes übrigens zünftig: Der Genießer fasst die Filets an der Schwanzflosse, legt seinen Kopf in den Nacken und senkt den Fisch in den Mund. Es geht aber auch mit Messer und Gabel.

Meelbüdel

Was war das noch gleich? Gab es da nicht etwas Ähnliches? Jawohl. Wir erinnern uns an den → *Großen Hans*. Der Meelbüdel oder auch Mehlbüdel ist ähnlich gestrickt. Einziger Unterschied ist die Zubereitungsart. Während der Hans in der Puddingform vor sich hinbrütet, wird der Meelbüdel, wie der Name („Mehlbeutel") schon sagt, in ein Leinentuch geschlagen, geschickt verknotet und an einem Kochlöffel hängend im Topf mit heißem Wasser gegart. Hat so ein bisschen was von einem riesigen Serviettenknödel. Die Zutaten sind ähnlich. Mehl oder Gries und Hefe, Eier, Zucker, Salz je nach Region. Er kann als Hauptspeise oder Nachtisch genossen werden. Wahlweise mit Backpflaumen, Kirschsoße oder pikant mit Schweinebacke. Dem bunten Mehlbüdel werden noch Rosinen zugegeben. Im Winter verpasst keiner in Dithmarschen und Nordfriesland das „Meelbüdel-Eten" (= Essen).

Moin

Es wird Ihnen schon aufgefallen sein: Immer und überall hört man „Moin" in Schleswig-Holstein. Ein doppeltes, also „Moin, moin", gilt bei den zurückhaltenden Norddeutschen schon als schwatzhaft. Man darf durchaus vermuten, dass es das am häufigsten gebrauchte Wort ist. Angeblich soll es von Berlinern (als Kurzgruß für „Morgen") eingeführt worden sein. Und auch andere Regionen wie Dänemark oder die Schweiz nehmen es für sich in Anspruch. Es wurde wohl vor 200 Jahren erstmals verwendet. Pah! Wer will das wissen? Ist eigentlich auch egal. Moin ist das Ding in Schleswig-Holstein. Und nix anderes. Passt immer, zu jeder Gelegenheit und auch zu jeder Tageszeit. Moin!

Monarch

Hört sich nobel an, oder? Kamen Monarchen allerdings in Schleswig-Holstein daher, waren keine Herrscher gemeint, sondern Wanderarbeiter, die von der Mitte des 19. Jahrhunderts an zur Erntezeit auf der Suche nach Arbeit in den Norden kamen und ihr Geld verdienten. Besonders stark waren die landwirtschaftlichen Betriebe auf der Ostsee-→ *Insel* Fehmarn auf diese Helfer angewiesen; zum Ende des 19. Jahrhunderts sollen dort pro Saison bis zu 3500 Wanderarbeiter beschäftigt gewesen sein. Ein Spottname für die Arbeiter ist das Wort Monarch wohl nicht gewesen, eher eine Wortschöpfung aus jiddischen Bezeichnungen für Freund („Makor") und Fremder („Nekor").

Mönchsweg

Immer dem blauen Portal nach: Blau auf weiß nämlich zeigt ein Logo den 530 Kilometer langen Radfernweg von Bremen durch Niedersachsen und vier Kreise Schleswig-Holsteins bis Puttgarden im Osten der ostholsteinischen Sonneninsel Fehmarn. Wer ihm folgt, ist den ersten christlichen Missionaren im Mittelalter auf der Spur, er führt vorbei an Klöstern – dem Zisterzienserkloster in Itzehoe beispielsweise, dem Augustinerchorherrenkloster in Bad Segeberg, dem Benediktinerkloster in → *Cismar*, alten Kirchen wie der Waldkapelle Mönkloh in Kellinghusen oder den Vicelinkirchen in Bornhöved und Bosau, Schlössern wie Breitenburg und Heiligenstedten, vorbei an Gutshöfen und durch den Wildpark Eekholt. Apropos Vicelin: Der Mönchsweg folgt den Kirchengründungen dieses um 1090 geborenen und 1154 in Neumünster gestorbenen Bischofs und Missionars der ostholsteinischen Slawen. Ein Etappenziel ist Oldenburg, sein Bischofssitz.

Der Radfernweg hat seinen Anfang 2007 genommen mit der 342 Kilometer langen Strecke von Glückstadt (→ *Glück*) an der Elbe durch die Kreise Steinburg (80 Kilometer), Segeberg (85 Kilometer), Plön (26 Kilometer) und Ostholstein (151 Kilometer). Seit 2014 ist er nach Westen von Glückstadt/Wischhafen bis nach Bremen erweitert. Wer will, kann mit der Fähre nach Dänemark übersetzen und ihn von Rødby bis Roskilde fortsetzen.

Der Mönchsweg ist durchgehend in beide Richtungen beschildert, die Strecke meist eben. Hügelig wird es in der Holsteinischen Schweiz, aber auch dieser Abschnitt gilt als für Anfänger geeignet. Bremen und Fehmarn sind direkt an das Eisenbahnnetz angeschlossen, weitere Bahnhöfe befinden sich an der Strecke (in Schleswig-Holstein in Glückstadt, Itzehoe, Wrist, Bad Bramstedt, Großenaspe, Fahrenkrug, Bad Segeberg, Plön, Malente, Eutin, Neustadt/Holstein, Oldenburg/Holstein, Großenbrode, Burg/Fehmarn). Informationen zu Rast- und Übernachtungsmöglichkeiten, Hinweise, Kontakte und eine interaktive Karte gibt es unter:

www.moenchsweg.de

Moorleichen

Eine Leiche im Keller haben sie auf Schloss → *Gottorf* nicht, dafür aber Deutschlands berühmteste Moorleiche im Archäologischen Landesmuseum im zweiten Stock. Dort liegt, was bei den Besuchern immer zu leichten Schauern und Gänsehaut führt: die Moorleichen aus Windeby, Rendswühren und Damendorf. Dabei geht es hier weniger um den Gruselfaktor, vielmehr geben diese Funde Aufschluss über die Lebensbedingungen der Menschen jener Zeit. Menschliche Überreste aus Mooren werden als Moorleichen bezeichnet, unabhängig davon, ob sich lediglich die Knochen oder auch Haut und innere Organe erhalten haben.

Die Moorleichen sind der große Anziehungspunkt in der Gottorfer Eisenzeitausstellung. Zahlreiche Grabfunde und die Menschen aus den Mooren verraten viel über die Kulturen vor mehr als 1800 Jahren. Aus Schleswig-Holsteins Mooren kamen bis heute etwa 60 Leichenfunde zutage. Der international bekannteste und bedeutendste ist das 1952 entdeckte sogenannte Kind von Windeby. Neueste DNS-Analysen und anthropologische Bestimmungen haben ergeben, dass der Junge 15 bis 16 Jahre alt wurde, Hunger zu erleiden hatte und wohl an einer schweren Zahnerkrankung gestorben ist. Auch die anderen Funde erzählen ihre Geschichten.

www.schloss-gottorf.de

Möwe

Unterstamm: Wirbeltiere, Klasse: Vögel, Ordnung: Regenpfeiferartige. Kurzum Möwe. Ohne Vertreter dieser Vogelfamilie wären Nord- und Ostsee nicht, was sie sind. „Die Möwen sehen alle aus, als ob sie Emma hießen", behauptete Christian Morgenstern in seinem „Möwenlied". Nun ja. Man weiß nicht, welche Emma der Dichter im Sinn hatte. Selbstbewusst kommen die Vögel allemal daher. Sie sind unüberhörbar und fressen, was ihnen vor den Schnabel kommt, durchsuchen auch gern mal schlecht verschlossene Picknickkörbe unaufmerksamer Badegäste. Lärmbelästigung wird ihnen gelegentlich vorgeworfen – aber kann die Natur tatsächlich so schlimm sein wie von Menschen verursachte Geräusche?

Immerhin ist die Möwe ein Star der Souvenirhersteller, und hier beginnt schon die ungerechte Unschärfe, denn „die" Möwe gibt es nicht. In Schleswig-Holstein kommen

Silbermöwe

zehn Arten vor. Lachmöwen, Sturmmöwen und Silbermöwen hat wahrscheinlich jeder schon gehört und gesehen. Seltener sind Heringsmöwen, Schwarzkopfmöwen, Mantelmöwen, Zwergmöwen, Steppenmöwen, Dreizehenmöwen und Eismöwen zu beobachten – insgesamt eine bunte Vogelfamilie. Und wie in den besten Familien kommen auch hier verhaltensoriginelle Mitglieder vor. Dumm jedenfalls ist es nicht, menschliche Zweibeiner keck um mehr und noch mehr Nahrung anzugehen, wenn diese einmal mit dem Füttern begonnen haben.

Münzschatz, Lübecker

Wie kann man so etwas verstecken und dann vergessen? Beim Bau der Musikhochschule Lübeck waren einem Baggerfahrer 1984 rund 24 000 Münzen quasi in die Baggerschaufel gefallen. Ein reicher Unbekannter hatte sie zwischen 1533 und 1537 in einem Hohlraum unter einem Fußboden an der Ecke An der Obertrave/Depenau in Sicherheit gebracht. Gold- und Silbermünzen, deren Kaufkraft etwa der von 20 Handwerksmeistern entsprach und die den größten auf deutschem Gebiet gefundenen Münzschatz darstellen. 865 Geldsorten kamen da zu Tage und spiegelten den Geldumlauf auf dem Gebiet des heutigen Norddeutschlands der 1530er-Jahre wider. Wer der Besitzer war, liegt genauso im Dunkeln wie die Antwort auf die Frage, warum der Schatz in seinem Versteck blieb. Gründe, sein Geld in Sicherheit zu bringen, gab es in diesen Jahren genug, da hatten die Lübecker Sorgen mit den Dänen, deren Heer schon in Holstein stand, und mit den Konflikten, die die Reformation nach sich zog. Die Sicherheit von Barschaften – der Münzschatz entspräche heute etwa 300 000 Euro – war durchaus gefährdet. Der Meister des verborgenen Schatzes gilt als einer der seinerzeit reichsten Lübecker. Seinen Namen kennen wir bis heute nicht.

Klar war dagegen schnell, dass der spektakuläre Fund ein juristisches Nachspiel haben würde, denn sowohl der Baggerfahrer und sein Arbeitgeber als auch das Land Schleswig-Holstein als Grundstückseigentümerin meldeten Ansprüche auf den Schatz an. Dem Finder wurde per Gerichtsurteil ein ordentlicher Finderlohn zuerkannt. Teile des Münzschatzes sind heute im Hanselabor des Europäischen Hansemuseums in Lübeck (→ *Hanse*) zu sehen.

N

Nis Puk

Wenn Sie ihn treffen, dann necken Sie ihn nicht! Nis Puk, mancherorts auch als Nes Pük bekannt, ist ziemlich launisch. Gutes Essen, reichlich serviert, hält ihn bei Stimmung. Zu Hause ist er im deutsch-dänischen Grenzland, darauf verweist auch sein Name: Nisse kennt man in Dänemark, Norwegen und auf den Faröer-Inseln als koboldartiges Wesen, und ein Puk (oder Puck) ist eine Figur der germanischen Mythologie. Nüchterne Charaktere nennen ihn eine Sagengestalt. Nis Puk ist ein Seelenverwandter des → *Klabautermanns*, arbeitet – meist unsichtbar – daran, Schäden und Unfälle zu vermeiden, lebt allerdings an Land. Nur, wie gesagt, verärgern darf man Nis Puk nicht, denn er pflegt Gleiches mit Gleichem zu vergelten. Als er beispielsweise einmal nicht mehr das für treue Dienste auf einem Bauernhof versprochene Stück Butter in die Grütze bekam, drehte er der besten Kuh im Stall den Hals um. Sonst aber hat Nis Puk ein Herz für hart arbeitende Menschen, rollt schwere Steine beiseite oder sorgt in der Not für Viehfutter. Wenn er gute Laune hat.

Nobel, Alfred

Jede Menge Sprengkraft hat die nächste Geschichte aus dem Herzogtum Lauenburg: Der Namens- und Geldgeber des Nobelpreises, der Schwede Alfred Nobel (1833–1896) betrieb in der Nähe von Geesthacht die erste Dynamit-

111

fabrik der Welt. Der junge Alfred aus reichem Haus spielte schon früh gern mit Feuer und experimentierte leidenschaftlich – das endete leider oft tödlich und machte viel kaputt. Aber genau das wollte er ja herausfinden, wie man nämlich das explosive Gemisch „händelbar" machen kann. Nobel gelang es schließlich, das hochbrisante Sprengöl Nitroglyzerin zu dämpfen und durch Beifügung von Kieselgur das Dynamit zu erfinden.

1865 kaufte er aus der Gutsherrenschaft Gülzow 42 Hektar Land und errichtete eine Fabrik für die Nitroglyzerinproduktion. Nun gut, er war ja noch am Üben, so ist nur Monate später das Ding in die Luft geflogen. Aber Nobel machte unverdrossen weiter und gründete von Krümmel aus, so heißt das Gebiet, 14 neue Fabriken in Europa. Das Dynamit machte ihn reich. Schon bald nach seinem Tod wurde sein größter Wunsch erfüllt: von seinem Vermögen talentierte Wissenschaftler auszuzeichnen. Die Nobelpreise wurden 1901 erstmals vergeben. Die ganze Geschichte kann man auch über den Förderkreis des Industriemuseums Geesthacht erfahren.

www.industriemuseum-geesthacht.de

Nolde, Emil

Es sind die kräftigen Farben, die dem Betrachter sofort ins Herz gehen und Kunstfreunde in der ganzen Welt begeistern. Emil Nolde war einer der führenden Maler des Expressionismus. Der wichtigste Ort für Nolde-Anhänger ist das Museum in Seebüll.

Der Maler wurde am 7. August 1867 als Emil Hansen in Nolde bei Tondern im heutigen Dänemark geboren. Er absolvierte zunächst eine Ausbildung zum Holzschnitzer. Unter anderem arbeitete er an einem Schreibtisch für Theodor → *Storm* mit und schnitzte kunstvolle Eulen.

Das Nolde-Museum in Seebüll

1906 wurde er Mitglied der Künstlergruppe „Brücke".
Zwischen 1910 und 1912 hatte er erste Erfolge mit Ausstellungen in Hamburg, Essen und Hagen. 1916 zog er mit
seiner dänischen Ehefrau Ada Vilstrup nach Utenwarf
nahe Tondern. Nachdem der Ort nach der Volksabstimmung 1920 zu Dänemark gekommen war (→ *Dannebrog*)
zog das Paar 1927 einige Kilometer weiter südlich nach
Seebüll in Nordfriesland, wo Emil Nolde das Wohnhaus
mit Atelier und den Garten entwarf. Als 1937 das Nazi-
Regime Nolde zum „entarteten" Künstler erklärte und ihm
ein Berufsverbot erteilte, malte er heimlich kleinforma-
tige Aquarelle, die er später als seine „Ungemalten Bilder"
bezeichnete. Diese umfassten mehr als 1300 Blätter. Zuvor
hatten die Nazis mehr als 1000 Bilder Noldes beschlag-
nahmt, zum Teil verkauft und zum Teil zerstört. Nach
1945 malte er noch mehr als 100 Gemälde und viele Aquarelle. Emil Nolde starb am 13. April 1956 in Seebüll. Dort
ist er neben seiner 1946 verstorbenen Frau Ada auch
begraben. Aus seinem Nachlass entstand 1957 die Stiftung
Seebüll Ada und Emil Nolde. Im ehemaligen Wohnhaus
ist heute das Nolde-Museum untergebracht. Drum herum
ein weites, wunderbares Nichts. Es ist schon ein wenig

beschwerlich, dorthin zu gelangen. Die Fans hält das nicht ab. Sie kommen in Heerscharen ins abgelegene Seebüll. Aber vielleicht ist das ja genau die Idee. Raum, Weite und Einsamkeit für einen besondern Künstler.

www.nolde-stiftung.de

Nord-Ostsee-Kanal

Der NOK, wie der Nord-Ostsee-Kanal auch abgekürzt wird, ist die meistbefahrene künstliche Wasserstraße der Welt und zwischen Kiel und Brunsbüttel insgesamt 98 Kilometer lang. International heißt er Kiel Canal. Bis 1948 lautete der offizielle Name Kaiser-Wilhelm-Kanal. 32 091 Schiffe passierten ihn im Jahr 2015. Ohne die Wasserstraße mussten die Schiffe einst um die Kimbrische Halbinsel durch Nordsee, Skagerrak und Kattegat reisen. Im Schnitt ist je nach Zielhafen die Fahrt um 460 Kilometer verkürzt worden. Die Wassertiefe beträgt elf Meter.

Am 3. Juni 1887 erfolgte die Grundsteinlegung durch Kaiser Wilhelm I. in Kiel-Holtenau. Bis zu 8900 Arbeiter bewegten 80 Millionen Kubikmeter Erdreich. Der Kanal war in dieser ersten Ausbaustufe 67 Meter breit und neun Meter tief. Am 20. Juni 1895 konnte nach acht Jahren Bauzeit Kaiser Wilhelm II. den nach seinem Großvater benannten Kaiser-Wilhelm-Kanal eröffnen. Die Zeremonie wurde von dem Briten Birt Acres mit einer Filmkamera aufgenommen. Sein Film „Opening of the Kiel Canal" gilt als die älteste in Deutschland gedrehte Filmaufnahme.

Acht Straßen und vier Eisenbahnstrecken überqueren den Nord-Ostsee-Kanal auf insgesamt zehn Brücken, 14 Fähren ermöglichen den Transport auf die andere Seite, und bei Rendsburg existieren seit 1961 ein Straßen- und ein Fußgängertunnel. Bekannt ist die in Rendsburg befind-

Der Nord-Ostsee-Kanal, die meistbefahrene
künstliche Wasserstraße der Welt

liche Eisenbahnhochbrücke (→ *Eiserne Lady*) mit der
darunter hängenden Schwebefähre. Alle Brücken haben
die gleiche Durchfahrtshöhe von 42 Metern für die Schifffahrt, weil der Kanal beim Bau für die Linienschiffe der
Deutschlandklasse der kaiserlichen Marine ausgelegt
wurde.

Die Schleusen an beiden Enden des Kanals, in Brunsbüttel und Kiel-Holtenau, haben jeweils vier Schleusenkam-
mern. In Brunsbüttel entsteht gerade in geplant sieben-
jähriger Bauzeit eine fünfte Kammer für 485 Millionen
Euro. Seit dem 2. Juni 1997 gibt es die Schiffsbegrü-
ßungsanlage Rendsburg. Dort wird jedes Schiff durch
Dippen der Flagge und mit der jeweiligen Nationalhymne
begrüßt.

O

Ochsenweg

Er führt von dem dänischen Viborg bis ins schleswig-holsteinische Wedel und war einer der wichtigsten Handelswege. Vom 16. bis 18. Jahrhundert verlief über seine Trassen die Ochsendrift, ein bedeutender Viehtrieb. Sie gab dem Weg seinen Namen. Der Ochsenweg ist der älteste Fernweg Schleswig-Holsteins und war für die kulturelle und wirtschaftliche Entwicklung des Landes von großer Bedeutung. Heute können sich Wanderer und Radfahrer auf den neu ausgeschilderten Wegen auf Spurensuche von → *Wikingern*, Pilgern (→ *Jakobsweg*), Ochsentreibern und Handwerksleuten begeben.

www.ochsenweg.de

Odde

Eine schlanke ins Meer ragende Landzunge: Das ist in Norddeutschland (und Skandinavien) eine Odde. Es gibt zwei deutsche Odden, beide finden sich als „Zubehör" nordfriesischer → *Inseln*: die Amrumer Odde, die den nördlichsten Teil der Insel Amrum bildet, und die Hörnum Odde an der Südspitze der Insel Sylt.

Die rund zwei Kilometer lange und an der kräftigsten Stelle 200 Meter schmale Amrumer Odde ist überwiegend ein aus wanderndem → *Kniepsand* entstandener, bis zu 24 Meter hoher Dünengürtel, 150 Hektar der Fläche ist Naturschutzgebiet und darf zur Brutzeit der nistenden

Seevögel nur umwandert werden. Die ebenfalls etwa zwei Kilometer lange Hörnum Odde, eine nach der Gemeinde Hörnum benannte Dünen- und Heidelandschaft, ist ein permanent bedrohter Touristenmagnet: Jahr für Jahr beißt sich das Meer große Stücke von ihr ab. Hatte die Hörnum Odde 1972 noch das Ausmaß von etwa 151 Fußballfeldern, war 2015 gerade noch eine Fläche von 30 Fußballfeldern übrig.

Der Name Odde ist übrigens so → *friesisch* wie das Phänomen: „Ood" kommt aus dem Amrumer Friesisch (Öömrang) und bedeutet Spitze.

Amrumer Odde

P

Palstek

„Die Schlange taucht aus dem Teich, kriecht um den Baum und taucht wieder in den Teich zurück." So lautet die Eselsbrücke für den Palstek, die in der Seefahrt am häufigsten verwendete Schlaufe überhaupt. Der Palstek ist einfach zu knüpfen, hält gut und ist in der Regel auch nach längerer Belastung wieder gut zu lösen. Sein Name kommt aus dem → *Plattdeutschen* („Pal" = Pfahl) und bezieht sich in der Seefahrt auf den Gebrauch bei Festmacherleinen.

Im Rettungswesen ist diese Schlinge unter dem Namen Rettungsknoten geläufig, andere Bezeichnungen für den Palstek sind Bulin, Bolein (vgl. englisch „bowline"), Pfahlstich, Schertauknoten, Rettungsknoten/-schlinge, einfacher Ankerstich.

Im 3854 Einträge reichen Ashley-Buch der Knoten ist er mit den Nummern 1010 und 1034½ versehen.

Passat

„Meine Schiffe können und sollen schnelle Reisen machen!" Der Hamburger Reeder Carl Laeisz gab seinen Kapitänen diese Maßgabe mit auf den Weg, der Männer und Material ursprünglich auf Salpeterfahrt von Chile nach Europa führte. Die schnellen Schiffe trugen den stolzen Beinamen Flying-P-Liner, „P", weil ihre Namen allesamt mit diesem Buchstaben begannen. Der übrigens

Heute Museumsschiff: die „Passat" in Travemünde

rührte vom Spitznamen der Reedersgattin Sophie Laeisz
her: „Pudel" (wegen ihrer Lockenfrisur).

Die letzten acht Laeisz-Segler, zwischen 1903 und 1926 als
Viermastbarken gebaut, nannte man auch „Die acht
Schwestern"; von ihnen sind noch vier erhalten, und eine
ist im Lübecker Stadtteil Travemünde als Museumsschiff
zu bewundern: die „Passat".

„Der Sturm bedroht in der Nordsee den Segler. Dichter
Nebel im verkehrsreichen Kanal bereitet Gefahr. Des Oze-
ans ganze Wucht trifft ihn in der Biscaya. Erst wenn der
Wendekreis überschritten, zieht mit den vom Passat
geschwellten Segeln das Schiff in schnellem Lauf seinem
Ziele zu. Mögen günstige Winde Dich, Du stolzes Schiff,
stets schnell und sicher in den schützenden Hafen geleiten.
Diesem Wunsche soll Dein Name Ausdruck geben. Ich
taufe Dich ,Passat'." Als die Viermast-Stahlbark 1911 bei der
Hamburger Werft Blohm + Voss vom Stapel lief, bekam sie
diese Worte mit auf den Weg. Am Beginn ihrer Dienstzeit
stand zunächst die Jungfernfahrt von Hamburg um Kap
Hoorn nach Chile. Unter 4600 Quadratmetern Segelfläche
brachte es die „Passat" auf eine Geschwindigkeit von bis zu
18 Knoten und bot damit den Dampfschiffen die Stirn.

Seit 1960 ist der Liegeplatz der „Passat" auf dem Priwall, der Altstadt von Travemünde gegenüber. Ein Jahr zuvor war sie außer Dienst gestellt worden, nachdem 1957 die ähnlich gebaute „Pamir" gesunken war (in der Lübecker Jakobikirche erinnert ein Rettungsboot der „Pamir" an die 80 Toten dieses Unglücks).

Und heute? Schwimmfähig ist die denkmalgeschützte „Passat" nach wie vor, fahrtüchtig jedoch nicht mehr. Für ihren Erhalt sorgt der Verein „Rettet die Passat" e.V. Die „Passat" ist Museumsschiff, Veranstaltungsort, im Sommer Jugendherberge. In 35 Kajüten finden sich 106 Betten. Und es kann auf ihr geheiratet werden.

Als tatsächliche, weil baugleiche Schwester der „Passat" ist nur die „Peking" erhalten (Museumsschiff, voraussichtlich ab 2018 in Hamburg zu sehen). Baugleich waren auch „Pola" (1926 nach Explosion ausgebrannt) und „Priwall" (1945 bei einem Brand vernichtet, 20 Tote). Schwesterlich vereint waren sie mit „Pangani" (1913 nach einer Kollision im Ärmelkanal gesunken, 30 von 34 Seeleuten starben), „Petschili" (1919 am chilenischen Ankerplatz bei einem Sturm zerstört), „Padua" und „Pamir".

www.ss-passat.com

Pesel

Gute Stuben, die nur zu besonderen Anlässen geöffnet werden, gibt es heute wohl nicht mehr. Anders bei den historischen Peseln, die auf vielen Großbauernhöfen an den Küsten, auf den → *Inseln* und → *Halligen* in Schleswig-Holstein sehr verbreitet waren. Pesel waren fein ausgestattete Zimmer mit ausgesuchten Möbeln und prächtigen Dekorationen, wie beispielsweise handbemalte Fliesen. Eines der berühmtesten Exemplare zum Anschauen ist der prächtige Königspesel auf der Hallig Hooge.

Pharisäer

Starker Kaffee mit (Würfel-)Zucker gesüßt, ein kräftiger Schuss Rum und darauf eine Schlagsahnehaube – das ist ein Pharisäer. „Erfunden" wurde er im 19. Jahrhundert auf der nordfriesischen → *Insel* Nordstrand. Dort, so die – wahre – Geschichte, sah Pastor Adolph Georg Bleyer gar nicht gern, dass in seiner Gegenwart Hochprozentiges konsumiert wurde. Wenn es aber etwas mit kirchlichem Segen zu feiern gab, dann mochten die Bauern dies nicht mit purem Kaffee oder Tee begießen. Da hatte der Nordstrander Landwirt Johannsen bei einer Tauffeier die Idee, dem Kaffee einen ordentlichen Schuss Rum mitzugeben und, damit der Tasse kein verräterischer Duft entweichen konnte, das Ganze mit Sahne zu versiegeln. Es sei auch ganz gut gegangen, erzählt man sich auf Nordstrand, jedenfalls so lange, bis der Pastor den Braten roch und empört das berühmte „Oh, ihr Pharisäer!" ausrief. Eine schokoladige Verwandte ist die → *Tote Tante*.

Gesüßter Kaffee mit Schuss unter Sahnehaube – der Pharisäer

Pidder Lüng

Der Sage nach lebte Pidder Lüng im 16. Jahrhundert auf Sylt. Im Traum erschien ihm eine Gestalt, die ihm mit dem Ausspruch → *„Lewer duad üs slaw"* (Lieber tot als Sklave) auftrug, sich für die Freiheit der → *Friesen* einzusetzen. Als Pidder Lüng eines Tages am Mittagstisch saß, kam ein dänischer Steuereintreiber. Er geriet mit Pidder in Streit. Als er in den Grünkohltopf der Familie spuckte, geriet Pidder derart in Rage, dass er den Kopf des Dänen in den Teller drückte und ihn erstickte. Pidder Lüng musste fliehen und wurde Pirat. Als er Jahre später wieder die Heimat besuchte, überlistete ihn ein Wirt. Er macht den Piraten betrunken und lieferte ihn aus. So fand Pidder Lüng am Galgen den Tod.

Plattdeutsch

Es gibt Leute, die bezeichnen Plattdeutsch als Dialekt. Sie irren. Plattdeutsch, das auf Hochdeutsch eigentlich Niederdeutsch heißt, ist eine westgermanische Sprache, die im Norden Deutschlands und im Osten der Niederlande gesprochen wird und die ihrerseits – da sind wir eigen – eine Fülle von Dialekten hervorgebracht hat. Das wiederum verhindert eine einheitliche Schriftsprache. Allerdings sind diese Dialekte einander zumindest so ähnlich, dass sich Ostfriesen, Holsteiner, Mecklenburger und Groninger nahezu problemlos miteinander verständigen können, wenn sie ihren jeweiligen Heimatdialekt sprechen. Zwischen einem Mundart sprechenden Sachsen oder Bayern und einem Holsteiner, der seinen plattdeutschen Heimatdialekt spricht, ist eine Verständigung auf Dialektebene dagegen so gut wie ausgeschlossen.

Die Bezeichnung Niederdeutsch bezieht sich übrigens auf die geografische Lage: Es wird in den flachen Landesteilen gesprochen, ursprünglich von der Nordseeküste bis nach Estland; das Lübecker Niederdeutsch des Mittelalters war einst Verkehrssprache der → *Hanse*. Heute gilt das Plattdeutsche als gefährdete Sprache, die von insgesamt zehn Millionen Menschen verstanden, aber von höchstens zwei Millionen gut gesprochen wird.

Plüschmors

Es gibt viele schöne Worte auf → *Plattdeutsch*, aber das ist eines der allerschönsten: Popo oder Hinterteil heißt ja so nett „Mors". Wenn dann auch noch Plüsch dran ist, kann es sich nur noch um eine Hummel handeln. Und so ist es auch. „Plüschmors" = Hummel. Is dat nich fein?

Priel

Auch die Nordsee hat ihre Flüsse: die Priele. Dies sind Wasserläufe im Wattenmeer (→ *Welterbe*), in denen das Wasser bei Ebbe in die Nordsee abfließt und bei Flut wieder heranströmt. Es gibt Priele, die ständig Wasser führen und deshalb bei Ebbe wichtige Überlebensorte für Tiere sind, die das Trockenfallen nicht vertragen. Nordseegarnelen (→ *Krabben*), Schollen und Sandgrundeln warten hier auf die nächste Flut.

Das Verhältnis zwischen Mensch und Priel ist ein schwieriges. Schiffe nutzen Priele, um auch bei Niedrigwasser fahren zu können. Andererseits kommen regelmäßig Wattwanderer in Not, weil sie die Eigenarten des Watten meers unterschätzen. Das nämlich läuft bei Flut nicht gleichmäßig „voll". Zuerst kommt das Wasser dort, wo es

Oben: Prieladern
Unten: Verästelungen der Priele im nordfriesischen Wattenmeer
(Luftaufnahme)

zuletzt abgelaufen ist, in den Prielen nämlich, die sich dabei binnen weniger Minuten von vermeintlich harmlosen Rinnsalen in reißende Flüsse verwandeln können und die Wanderer vom Festland abschneiden. Warnschilder im Wattenmeer sind unbedingt ernst zu nehmen!

Queller

Dieses Kraut hat es in sich: Queller wächst vorzugsweise an der Nordseeküste sowie auf → *Inseln* und → *Halligen* im Wattenmeer. Er braucht, erstaunlich genug, Salzwasser zum Leben, wird zur Landgewinnung eingesetzt und sieht eigentlich nicht so aus, als sei er für andere Lebewesen als Salzwiesenlämmer eine leckere Sache. Das allerdings ist ein Irrtum. Das dickfleischige salzhaltige Fuchsschwanzgewächs gilt als Delikatesse, die Bezeichnung „Meeresspargel" sagt fast alles. Seinen Namen hat der Queller übrigens von seiner Fähigkeit, Wasser einzulagern, um den Salzgehalt zu regulieren: Er quillt auf.

Der Queller gilt als Pionierpflanze der Neulandbildung.

Raps

Leuchtendes Gelb unter blauem Himmel – auch wenn die schier endlosen Flächen aus Naturschutzgesichtspunkten Monokulturen darstellen: Schön sind die blühenden Rapsfelder doch und strahlen je nach Witterung im April/Mai sonnenhell. Die Pflanzen gehören zur Gattung → *Kohl*, und der wiederum gehört zu Schleswig-Holstein wie die Weißwurst nach Bayern. Der prächtigen Farbe wegen wird Raps natürlich nicht angebaut, sondern weil er ein Tausendsassa unter den Nutzpflanzen ist. Er liefert Speiseöl und hochwertiges Eiweißfutter für → *Kühe*, ist der meistverwendete Rohstoff für die Herstellung von Biodiesel, wird außerdem in der chemischen und der Schmierstoffherstellung eingesetzt und versorgt während der Blüte obendrein Bienen und Hummeln (→ *Plüschmors*).

Ein Land in Gelb: Im April/Mai blüht der Raps.

Modernes Reetdachhaus auf Sylt

Reet

Eiderstedt ohne → *Haubarge*, Sylt ohne Reetdachhäuser? Undenkbar. Reet, auch Reeth, Reith, Reth, Ried, Rohr, Schilf oder – so sein eigentlicher Name – Schilfrohr genannt, kommt in allen Erdteilen vor, gehört weltweit zu den ältesten Baumaterialien der Menschheit und verleiht Schleswig-Holstein – als Bewuchs an seichten Seeufern, in Feuchtmooren und auf morastigen Randstreifen oder verarbeitet auf Dächern – Charakter. Bis zu vier Meter hoch wird das Süßgrasgewächs in Norddeutschland. Es ist aufgrund seines hohen Siliziumgehalts stark wasserabweisend. Sowohl wegen der mit Luft gefüllten Knoten in den Halmen als auch wegen der Luftzwischenräume, die sich in den Schichten einer Dachauflage bilden, ist es doppelt isolierend. Mit einer Lebensdauer von bis zu 45 Jahren ist es noch dazu enorm haltbar, und es gilt den Experten als schwer entflammbar. Geerntet wird Reet im Januar und Februar. Bei Kälte zieht sich der Zucker in den Halmen in die Wurzel zurück, der obere Teil der Pflanze stirbt ab und das trockene Reet kann nicht schimmeln.

Ringreiten: Brauchtum, das in Nordfriesland noch gepflegt wird

Ringreiten

Da ist schon ein gutes Auge gefragt. Hilfreich ist eine gute Balance, und gut reiten muss man auch noch so ganz nebenbei: Beim Ringreiten geht es um Geschicklichkeit sozusagen im Galopp. Mit einer Lanze oder einem Stecher müssen die Reiter zielgenau in einen ziemlich kleinen Ring piken, auf den sie zureiten. Die Messingringe haben oft nur einen Durchmesser von zwei Zentimetern. Gar nicht so einfach. Und richtig – man fühlt sich erinnert an die Lanzenspiele aus der Ritterzeit, bei dem sich allerdings die Reitersmänner vom Pferd gepikt haben. Da ist auf jeden Fall der Ursprung dieses alten Spiels anzusiedeln. Das Ringstechen war einst eine Knappenübung und kam schon immer gut beim Volk an. Im Pferdeland Schleswig-Holstein ist dieser Sport noch weit verbreitet. Auch heute gilt: Wer die meisten Ringe sticht, wird Ringreiterkönig. Der Verlierer erntet den Titel „Blindstecher".

Rote Grütze

Woher sie kommt? Da ist man uneins. Rote Grütze oder auf → *Plattdeutsch* „Rode Grütt" schreiben sich Norddeutsche, Dänen und Schweden gleichermaßen als heimische Spezialität auf die Fahnen. Sicher ist, dass ihr Name von der Verwendung roter Sommerfrüchte herrührt. Welche dabei verwendet werden, entscheidet der Geschmack. Ursprünglich waren es vor allem rote und schwarze Johannisbeeren und Himbeeren, heute finden auch Erdbeeren, Kirschen, Heidelbeeren und Rhabarber den Weg in die Rote Grütze. Die Früchte werden wenn nötig zerkleinert, gesüßt, aufgekocht, angedickt und schließlich als Rote Grütze mit Milch, Sahne oder Vanillesoße verputzt. Vanilleeis kommt auch gut als Beilage.

Rotes Kliff

Es ist wunderschön und stark gefährdet. Die Rede ist vom Roten Kliff auf der → *Insel* Sylt. Zwischen den Orten Kampen und Wenningstedt ist die etwa 30 Meter hohe Steilküste zu bestaunen. Den Namen hat das Kliff von den rötlichen Sedimentschichten im Sandstein. Seefahrern diente es viele Jahrhunderte als Erkennungszeichen. Die Nordsee und der Wind reißen aber kräftig an dem Kliff. Seit vielen Jahren versuchen die Sylter mit aufwendigen Sandvorspülungen den Landabbau zu verringern. Der Bereich gehört außerdem zu einem großen Naturschutzgebiet.

Rotspon

Roter französischer Wein in Fässern transportiert und in einer Hansestadt zur Flaschenreife gebracht – das ist Rotspon; in Lübeck, dem mittelalterlichen Haupt der → *Hanse*, ist sein voller Name „Lübecker Rotspon" und bezeichnet Bordeaux-Weine. Guter Roter wird hier seit dem 13. Jahrhundert gehandelt, im 16. Jahrhundert war Lübeck größter Weinhandelsplatz in Europa. Und im Prinzip hat sich an der Umwandlung von französischem Rotwein in Lübecker Rotspon bis heute nichts geändert.

Sein Name ist mittelniederdeutschen Ursprungs: „Spon" heißt Span und verweist auf die Eichenfässer, in denen der Rote transportiert wurde – ursprünglich, um die auf der Rückfahrt leeren → *Koggen* zu stabilisieren, wie man erzählt. Dass sie den Wein in den gleichen Fässern transportierten, in denen sie auf dem Hinweg salzige Heringe nach Frankreich gefahren hatten, ist eine Legende, die zuletzt die ehemalige Ministerpräsidentin Schleswig-Holsteins, Heide Simonis, kolportierte: Lübecker Rotspon sei ein „ungenießbares Gesöff", das schmecke, als werde es noch immer in alten Heringsfässern aufbewahrt, spottete sie. Der Vater des Lübecker Rotweinhandels, Thomas Bugenhagen, der schon im 16. Jahrhundert den Roten aus Frankreich zur Veredelung einlagern ließ, damit „der Wein nicht laut und heftig, sondern fröhlich und gesellig macht", mag sich dabei im Grab umgedreht haben.

Immerhin geht es um hansische Tradition, die sich mit dem 1678 gegründeten Weinhandel Carl Tesdorpf (ein Unternehmen, dem Thomas → *Mann* in seinem Roman „Buddenbrooks" als „Weinhändler Kistenmaker" ein Denkmal setzte) oder beim 1853 gegründeten Weinhandel H. F. von Melle bis in die Gegenwart frisch gehalten hat.

Ganz im Sinne hanseatischer Geschäftigkeit wurde schon mit den ersten Fässern, die Lübeck erreichten, konstatiert, dass der hier gelöschte Wein viel besser schmecke als der in Bordeaux geladene. Selbst die Franzosen, die 1806 die Hansestadt besetzten, sollen ihren Wein nicht wiedererkannt, und Napoleon selbst soll sich über die Verwandlung gewundert haben. Ein späterer Test bestätigte, dass sich der Wein verwandelt hatte; die Ursache – Seegang oder Lübecker Keller – ist nicht eindeutig ermittelt.

Der Wein jedenfalls blieb dem Meer verbunden. Ende des 19. Jahrhunderts war eine Flasche Lübecker Rotspon der Preis für den Sieger einer der berühmtesten Segelwettfahrten der Welt: Die Hamburger Hermann Wentzel und Hermann Dröge hoben mit diesem Rennen 1888 die → *Travemünder Woche* aus der Taufe.

Rum

Man nehme Zuckerrohr … Rum ist ein alkoholisches Getränk der Karibik und hat Flensburg deutlich berühmter gemacht, als es später die Verkehrssünderkartei tat. Der damals dänischen Stadt verhalf der dänische Westindienhandel im 18. Jahrhundert zu wirtschaftlicher Blüte und zum weltweiten Ruf als größter Rumherstellungs- und -handelsstandort in Europa. Die englische Schifffahrt hat dann das bekannteste Rumgetränk der Norddeutschen, den Grog, geboren: Den Matrosen wurde die tägliche Rumration mit Wasser gestreckt – der Disziplin wegen, denn das Wort Rum soll sich von „rumbullion" herleiten, einem englischen Dialektwort für Tumult. Im kühlen Nordeuropa braute man den Grog dann gern mit heißem Wasser. „Rum muss, Zucker darf, Wasser kann (alles verderben)", lautet bis heute die Anleitung. Mehr als 300 Brennereien zählte die Rumstadt Flensburg einst. Diese

Das bekannteste Rumgetränk der Norddeutschen: der Grog

hochprozentigen Zeiten sind längst vorbei, werden aber im Rum-Museum (im Keller des Schifffahrtsmuseums, Schiffbrücke 39, 24939 Flensburg) konserviert und anschaulich erzählt.

www.flensburg.de

Rüm haart, klaar kimming

Ein wahrer Spruch, ein guter Spruch, der wunderbar nach Schleswig-Holstein passt. Ausgerufen haben ihn die stolzen Nordfriesen. Er gilt als ihr Leitspruch: „Rüm haart, klaar kimming". Gerade mal vier → *friesische* Worte, die doch so viel aussagen. „Weites Herz, klarer Horizont" – sagt doch alles über Land und Leute, oder?

Tradition an Silvester: das Rummelpottlaufen

Rummelpottlaufen

Zum Jahreswechsel muss es krachen. Je jünger die Feiern-
den, desto inniger die Liebe zum Lärm. Eine traditionelle
norddeutsche und südschleswigsche Variante des Silves-
ter-Getriebes ist das Rummelpottlaufen.

Das → *plattdeutsche* „Rummeln" bedeutet poltern oder
lärmen. Verkleidet und geschminkt ziehen Kinder am frü-
hen Abend von Haustür zu Haustür, geben Lieder und
Gedichte zum Besten und begleiten die Vorträge mit den
monotonen Geräuschen eines Brumm- oder Rummel-
topfs. Zum Dank gibt es Süßes. Ähnlichkeiten mit den
irisch-amerikanischen Umtrieben zu Halloween sind
dabei nur äußerlich. Geht es beim Spuklaufen in der Nacht
zum 1. November darum, Geister zu vertreiben, hat das
Rummelpottlaufen den durch und durch sozialen Ursprung, armen Leuten zu Nahrung zu verhelfen.

Der klassische Rummelpott ist selbst gebastelt: ein zylin-
drisches Gefäß mit Schweineblase als Membran (die
besorgt das Brummen) und Trockenerbsen im Innern
(fürs Rasseln). Das verursacht gewöhnungsbedürftige und

deshalb von Kindern außerordentlich geschätzte Geräusche.

Schlichtes wortkarges Fordern der Gaben („Süßes oder Saures!") kommt beim Rummelpottlaufen natürlich nicht infrage. Wer naschen will, muss singen, am besten op Platt:

„Rummel, Rummel, Roken,
giv mi'n Appelkooken,
loot mi nich to lange stohn,
denn ik mutt noch wieder gohn."

(Rummel, Rummel, Rauchen,
gib mir'n Apfelkuchen,
lass mich nicht so lange steh'n,
denn ich muss noch weitergeh'n.)

Übrigens sind auch Erwachsene als Rummelpottläufer unterwegs, allerdings nicht für'n Appelkooken und 'n Ei, sondern meist für einen Schnaps, was dem Rummelpott mancherorts den Namen „Rumpott" eingetragen hat. Und → *Rum* ist mindestens so norddeutsch wie Rummel. Generationenverbindend ist die Angewohnheit der Rummelpottläufer, denen, die ihre Haustür nicht öffnen, einen Spottvers durchs Schlüsselloch zu rufen:

„Witten Tweern, schwatten Tweern,
ohle Wieber geevt nich gern!"

(Weißer Zwirn, schwarzer Zwirn,
alte Weiber geben nicht gern!)

Rungholt

Ein verwunschener, sagenumwobener Ort, um den sich viele Legenden ranken. Es wird das Atlantis des Nordens genannt. Die Rede ist von Rungholt, ein florierender Handelsort auf der einstigen Insel Strand. Die → *Mandränke* im Jahr 1362 überflutete alles, tötete 100 000 Menschen und veränderte das Antlitz dieser Region komplett. Rungholt versank in den Fluten.

Lange galt Rungholt als Mythos und Legende, bevor die Geschichtswissenschaft 1938 seine reale Existenz anerkannte. Demnach war der Ort eines von sieben Kirchspielen der ehemaligen Insel Strand und bedeutender Handelsort der Edomsharde. Viele Schatzsucher machen sich seit Jahren auf die Suche. Immer wieder tauchen Überbleibsel Rungholts unter Wasser und Schlick auf. So wurden Abdrücke niedriger Deiche gefunden, Kessel, Pflugfurchen und 1880 erstmals die Reste von zwei Schleusen. Von den angeblichen Reichtümern der Stadt fehlt aber bis heute jede Spur. Der Mythos von Rungholt bot Stoff für viele Schriftsteller, die die Legende in ihren Werken aufgriffen und ausschmückten. Am bekanntesten ist wohl die Ballade „Trutz, Blanke Hans" von Detlev von Liliencron aus dem Jahr 1882/83 (→ *Blanker Hans*).

Es werden um die → *Hallig* Südfall immer noch Überreste gefunden. Diese werden unter anderem im Archäologischen Landesmuseum auf Schloss → *Gottorf*, im NordseeMuseum Nissenhaus in Husum und im Rungholtmuseum Pellworm aufbewahrt. Hobby-Archäologen treffen sich jährlich zu den Rungholttagen auf Nordstrand.

S

Salz

Salz haben oder nicht haben – angesichts gut gefüllter Supermarktregale, in denen das einstige „weiße Gold" allzeit und für ein paar Cent parat steht, ist kaum noch zu glauben, dass dieser Stoff einst Grundlage für Wohlstand war. Im heutigen Schleswig-Holstein war Lübeck sein Hauptumschlagplatz. Dorthin gelangte das Salz aus Oldesloe auf dem Weg über die Trave, vor allem aber aus der Hansestadt Lüneburg im heutigen Niedersachsen, aus deren Salinen etwa die Hälfte der Produktion über Lübeck exportiert wurde – zunächst lose oder in Tonnen per Frachtwagen über Land auf der Alten Salzstraße (die noch heute so heißt), später, nach Fertigstellung des Stecknitz-Kanals 1398, auf dem Wasserweg.

In Lübeck, dem → *Hanse*-Haupt mit dem wichtigsten Ostseehafen, erinnern die Salzspeicher an der Obertrave gleich neben dem → *Holstentor* an diese glorreichen Handelszeiten – sechs zwischen 1579 und 1745 dicht an dicht entstandene Backsteinbauten, in denen, der Name sagt es, Salz gelagert wurde. Heute beherbergen die alten Speicher ein Modehaus. Von Lübeck schafften Händler das Salz weiter zu den Heringsfanggebieten, das meiste nach Schonen, das übrige in Städte des Ostseeraums. Dort wurden die Heringe zur Konservierung in Fässern eingesalzen und nach Lübeck verschifft.

Der ehemals so bedeutende Handelsweg Alte Salzstraße ist heute der Name für eine Ferienstraße, die von Lüneburg über Lauenburg nach Schwarzenbek auf der Bundesstraße

209 und dann über Mölln und Fredeburg am Ratzeburger See entlang der Bundesstraße 207 Richtung Lübeck führt. Alte Salzstraße ist auch der Name eines 90 Kilometer langen Radfernwegs von Lüneburg nach Lübeck, der hauptsächlich am Elbe-Lübeck-Kanal, dem Nachfolger des historischen Stecknitz-Kanals, entlangführt.

Übrigens: Nicht nur die stolzen Lübecker Hanseaten, auch die Bewohner des legendären → *Rungholt* hat das Salz reich gemacht. In Rungholt auf eine bemerkenswerte Weise, denn dort wurden die salzhaltigen Torfschichten, die sich unter dem Schlick befanden, abgebaut und das Salz herausgesiedelt.

Radtour auf der Alten Salzstraße
Ein schöner und mit 35 Kilometern gut zu bewältigender Abschnitt führt von Mölln zu den Lübecker Salzspeichern (oder umgekehrt). Die Strecke hat leichte Steigungen und dauert mit kleinen Pausen etwa drei Stunden. Züge für die Rückfahrt verkehren nahezu stündlich.

Sansibar

Warum in die Ferne schweifen? Wer Sansibar besuchen will, muss nicht nach Ostafrika. Ein Ausflug nach Sylt tut es auch. Dort findet sich bei Rantum das Restaurant Sansibar. Benannt ist es nach dem dortigen FKK-Strandabschnitt.

Dass die afrikanische Insel tatsächlich mit Schleswig-Holsteins Geschichte verwoben ist und gemäß einer oft zitierten Legende 1890 gegen das seit 1807 zu England gehörende → *Helgoland* getauscht worden sein soll, geht auf eine Stichelei des da schon von Kaiser Wilhelm II. entlassenen Reichskanzlers Otto von Bismarck gegen seinen Nachfolger Leo von Caprivi zurück. Bismarck bezeichnete dessen „Vertrag zwischen dem Deutschen Reich und dem

Die Sansibar auf Sylt

Vereinigten Königreich über die Kolonien und Helgoland"
kurz und irreführend als Helgoland-Sansibar-Vertrag. Bis
heute geht das Gerücht, Leo von Caprivi habe die wertvolle Gewürzinsel gegen das felsige Helgoland getauscht.
Tatsächlich hat das Deutsche Reich Sansibar nie besessen,
sondern verzichtete nur auf Gebietsansprüche. Helgoland
allerdings wechselte mit diesem Vertrag tatsächlich den
Besitzer und wurde wieder deutsch.

Schafe

Was sind denn das für weiße Tupfen auf den grünen Deichen? Ach so, Schäfchen. Und zwar viele. Bei 2200 Schaf-
haltern leben insgesamt etwa 344 000 Tiere. Besonders rei-
zend ist das Treiben von Februar bis April. Denn dann
hüpfen die Lämmer auf den Weiden mit ihren Müttern
umher. Die wolligen Gesellen sind übrigens nicht nur zur
Dekoration gedacht, weil es so malerisch aussieht. Sie
haben einen Doppeljob. Erst sind sie Naturschützer, denn
mit den kleinen Füßchen trippeln sie die Deiche schön
fest, damit diese den Stürmen widerstehen. Und wenn sie

Schafe sind die „Rasenmäher" der Deiche.

das passende Alter haben, sind sie Fleisch-, Käse- und Woll-Lieferanten. Schafe sind neben → *Kühen*, → *Krabben* und → *Möwen* wohl die Nationaltiere in Schleswig-Holstein. Robust sind sie allemal. Sie können was ab mit ihrem dicken Fell. Schließlich leben die meisten das ganze Jahr über draußen.

Schleswig-Holstein, meerumschlungen

Von Menschen besiedelt wird Schleswig-Holstein seit dem Ende der letzten Eiszeit, die dem Land sein geologisches Gepräge gegeben hat. Menschen und Mächte wiederum haben in Schleswig-Holstein für eine derart wechselvolle Geschichte gesorgt, dass der britische Premierminister Henry John Temple, 3. Viscount Palmerston im 19. Jahrhundert bekannte: „Nur drei Menschen haben die schleswig-holsteinische Geschichte begriffen – Prinzgemahl Albert, der ist tot; ein deutscher Professor, der ist wahnsinnig geworden; und ich, nur habe ich alles darüber vergessen." Wer im Land das Sagen hatte, wechselte immer mal wieder. Dänen oder Preußen? Dazu lesen Sie mehr im Artikel → *Dannebrog.* Ein Staatsgebilde namens Schleswig-Holstein entstand bereits 1867, da noch als preußische Provinz; dieser Status endete 1946, als das gleichnamige Bundesland gegründet wurde. Der Wunsch nach einem geeinten Schleswig-Holstein (→ *Up ewig ungedeelt*) wurde schon vorher beim Schleswiger Sänger-fest von 1844 mit einem siebenstrophigen Lied bekundet. „Wanke nicht, mein Vaterland" ist der eigentliche Titel, besser bekannt ist es heute als Schleswig-Holstein-Lied. In der ersten Strophe heißt es:

„Schleswig-Holstein, meerumschlungen,
deutscher Sitte hohe Wacht,
wahre treu, was schwer errungen,
bis ein schönrer Morgen tagt!
Schleswig-Holstein, stammverwandt,
wanke nicht, mein Vaterland.
Schleswig-Holstein, stammverwandt,
wanke nicht, mein Vaterland."

Zitiert wird dieser Liedbeginn auch in dem beliebten Rundgesang über „Herrn Pastor sien Kauh (→ *Kuh*)", wo es in einer der zahllosen Strophen heißt: „Schleswig-Hol-stein, meerumschlungen, handelt nun mit Ochsenzungen" (im Original natürlich auf → *Plattdeutsch*).

Schnüüs

Ein zauberhaftes Wort für einen leckeren traditionellen Gemüseeintopf. Der schmeckt besonders gut, wenn Gar-ten und Markt alle Gemüsesorten frisch hergeben. Es gibt zwei Varianten: Entweder man kocht Bohnen, Erbsen, Karotten, Kohlrabi, Kartoffeln kleingeschnitten in Brühe vor und füllt erst später die Milch dazu. Oder man lässt das Gemüse gleich in der Milch garen. Aber immer schön in der richtigen Reihenfolge, denn Möhren, Kartoffeln und Kohlrabi haben längere Garzeiten. Es darf ruhig auch mal ein Schuss Sahne rein. Mit einer kleinen Mehlschwitze wird es etwas sämiger. Zum Schluss mit Salz und Pfeffer abschmecken und auf jeden Fall mit frischer Petersilie würzen. Dazu schmecken Frikadellen oder Holsteiner Katenschinken. Aber das Gericht kann sehr gut vegetarisch bleiben. Erfunden haben es die → *Angelner* Landfrauen. In Dänemark wird der Eintopf als „Snysk" gegessen.

Schwarzsauer

Veganer und Vegetarier sollten diesen Abschnitt lieber überlesen, denn ein sehr altes, traditionelles Gericht in Schleswig-Holstein ist eine ziemlich blutige Angelegenheit: Schwarzsauer, oder auch → *plattdeutsch* „Swattsuer" genannt, besteht vorwiegend aus gekochtem Schweineblut. Durch die Zugabe einer Essigwürze gerinnt die ganze Chose und verfärbt sich schwarz. Dieser Essigsud ist gewürzt mit Lorbeer, Pfefferkörnern, Zwiebeln, Nelken, Zucker. Als Beilage gibt es Kartoffeln oder Klöße. Entstanden ist das Gericht, um die Reste von früher üblichen Hausschlachtungen zu verarbeiten.
Es mag den Fleischlosen ein Trost sein: Die Zahl der Schwarzsauer-Fans ist in den vergangenen Jahren rapide in den Keller gegangen. Das essen nur noch die Harten.

Seehunde

Man hört sie schon von Weitem mit ihren lustigen Lauten. In der Seehundstation Friedrichskoog leben aber nicht nur → *Heuler*, sondern auch weitere Artgenossen aus der gro-

Die Seehunde gehören zur großen Familie der Robben.

ßen Familie der Robben. Hier ist die einzige Seehunde-
aufzuchtstation in Norddeutschland. Um gleich mal die
Romantik etwas abzudämpfen: Ja, Seehundebabys sind
süß, ja, ihre Kegelrobbenverwandtschaft sieht auch drollig
aus. Aber die Meeressäuger sind eben auch Raubtiere mit
ziemlich spitzen Zähnen. Darum wird Biologin Eva Baum-
gärtner nicht müde, diese Tatsache den Hunderten Besuchern der Station mit auf den Weg zu geben. Denn immer
wieder treffen Strandbesucher auf verwaiste Seehunde. Da
heißt es Abstand halten und der Strandaufsicht, dem amt-
lich bestellten Seehundjäger (der sie entgegen seinem
Namen nicht jagen soll, sondern für ihren Schutz zustän-
dig ist), der Polizei oder gleich der Seehundstation in Friedrichskoog (Tel. 04854 1372) Bescheid geben. Deern, Hein,
Lilli oder Joris heißen die tierischen Stammgäste, die entweder in der Aufzuchtstation geboren wurden oder zu
krank sind, um jemals wieder in Freiheit zu überleben.
Aber sie sind die Ausnahme. Der Hauptteil der Pensions-
gäste bleibt nur auf Zeit. Etwa 3000 Geburten gibt es unter
den in der Nordsee heimischen Seehunden und Kegelrobben, die sich optisch gewaltig unterscheiden: Die rund-
köpfigen Seehundweibchen und -männchen sind grau-

silbrig mit dunklen Flecken und bis zu 1,50 bzw. 1,80 Meter lang; bei den langköpfigen Kegelrobben mit ihren namengebenden kegelförmigen Zähnen können die Männchen über zwei Meter lang werden und haben dunkles Fell mit hellen Flecken, die kleineren Weibchen dagegen helles Fell mit dunklen Flecken. 200 Neugeborene verlieren jedes Jahr irgendwie den Anschluss und werden zu Waisen. Sie und kranke Fundtiere werden in der Seehundstation wieder aufgepäppelt. Möglichst mit wenig Menschenbezug, denn schließlich sollen sie später wieder allein zurechtkommen. In der Station geht es aber nicht nur um Krankenpflege, sondern auch um Forschung und Information.

www. seehundstation-friedrichskoog.de

Seepferdchen

Wieso Seepferdchen? Was machen die denn hier? Illegal eingewandert sind sie, wie so viele Wasserlebewesen in den letzten Jahren. Eigentlich leben die possierlichen Gesellen, die es wahlweise als kurz- oder langschnäuzige Art gibt, in wärmeren Gewässern. Seepferdchen kommen in fast allen tropischen und gemäßigten Meeren vor. Im Wattenmeer (→ *Welterbe*) sind sie jedoch nur seltene Irrgäste, die durch die Gezeitenströmung hierher getrieben werden und keine Chance haben, zu überleben. → *Krabben*fischern sind die kleinen Tiere im Wattenmeer ins Netz gegangen. Die haben sie dann klugerweise ins Multimar-Wattforum in Tönning gebracht. Schon seit zehn Jahren werden sie hier erfolgreich aufgezogen. Im Seepferdchen-Reich gibt es einen klassischen Rollentausch. Hier haben die Väter die tragende Rolle, denn sie tragen den Nachwuchs aus.

Multimar Wattforum, Dithmarscher Straße 6, 25832 Tönning, www.multimar-wattforum.de

SHMF – Schleswig-Holstein Musik Festival

Konzertsaal kann jeder. Es waren nicht die lange bewährten Spielstätten, mit denen das Schleswig-Holstein Musik Festival (SHMF) Furore machte, als es 1986 an den Start ging. Namhafte Künstler locken die Besucher seitdem in Obst- und Reithalle, Scheune, Tor- und Kuhhaus, gelegentlich auch Werkshallen und Werftgebäude und natürlich in die Konzertsäle. So hat sich das Festival beinahe aus dem Stand in die Gunst der Besucher und an die Spitze der weltweit größten Musikfestivals gespielt – und ganz nebenbei die Schwelle zur sogenannten E-Musik nahezu barrierefrei gestaltet. Heißt: In SHMF-Konzerte trauen sich auch Menschen, die sonst kein klassisches Konzert besuchen würden. Tendenz steigend. Ohnehin gilt die trennende Grenze zwischen sogenannter Ernster und Unterhaltungs-Musik ebenso als abgeschafft wie das ungeschriebene Verbot, zwischen Sätzen zu applaudieren. Die Marke von 150 000 Besuchern ist längst geknackt. Und wenn irgendwo anders die Musik da spielt, wo sonst gemolken, gepackt oder gelagert wird, dann ist das SHMF im Norden mit großer Wahrscheinlichkeit das Vorbild.

Aus der Taufe gehoben wurde es einst vom Pianisten und Dirigenten Justus Frantz, der die ersten neun Jahre Festival-Intendant war. Ihm folgten Franz Willnauer, Rolf Beck, erst gemeinsam mit Christoph Eschenbach, dann als alleiniger Intendant, und seit 2013 Christian Kuhnt. Aufgespielt wird jedes Jahr im Juli und August von Nord nach Süd, von Ost nach West in Schleswig-Holstein und – mit Spielorten in Niedersachsen, Hamburg und Dänemark – um Schleswig-Holstein herum.

Pädagogische Einrichtungen des SHMF sind die 1987 von Leonard Bernstein gegründete Orchesterakademie, die Meisterkurse und ein Festivalchor. Apropos Bernstein: „Ich kann es immer noch nicht aussprechen, aber bei Gott,

ich liebe es", sagte der über Schleswig-Holstein. Länder-
schwerpunkte standen in den Jahren von 1996 bis 2013 im
Fokus des Festivals, seitdem sind es Komponisten-Retro-
spektiven. Seit 2013 begleitet außerdem ein Künstler das
Festival – „artist in residence" gewissermaßen, beim
SHMF aber lieber „Künstlerporträt" genannt.

Das Festival wird von einer Stiftung getragen, Verwal-
tungssitz ist das sogenannte Schloss Rantzau, ein neogoti-
sches Stadtpalais in der Lübecker Altstadt. Informationen über Konzerte, Karten und Festival-Neuigkeiten
unter:

www.shmf.de

Storm, Theodor

Es muss einer dieser sehr dunklen, verregneten und nebel-
verhangenen Wintertage gewesen sein, der bei Theodor
Storm (1817–1888) zu Trübsinn und Grübelei geführt hat.
Anders ist das Gedicht „Die Stadt" kaum zu erklären.
Storm, der so poetisch, romantisch, politisch, kritisch, rea-
listisch, liebevoll in seinen Werken daherkommt, er, der
wichtigste Sohn der Stadt Husum, voller Lebenslust und
Schaffensdrang, hat ausgerechnet mit diesen Zeilen den
Bewohnern seiner Heimatstadt einen Bärendienst erwie-
sen. Fakt ist, gleich vier Mal kommt das Wörtchen „grau"
vor. Und die Husumer plagen sich seit Jahr und Tag mit
dem Stempel „Graue Stadt am Meer". Storm macht es wieder wett mit seinem großen, literarischen Gesamtwerk,
das Besucher und Forschende aus aller Welt in die Stadt
lockt. Auf die Dänen war Hans Theodor Woldsen Storm –
wie er mit ganzem Namen hieß – nicht gut zu sprechen. Er
überwarf sich mit dem König, durfte nicht mehr als
Rechtsanwalt arbeiten und musste Husum zeitweise auch
verlassen. In diese Zeit der politischen Unruhen fällt das

Schaffen des Gedichts „Die Stadt". Das mag wohl auch die trüben Zeilen erklären. In Husum können Besucher nicht nur die fünf Wohnhäuser Storms besichtigen, sondern auch das nach ihm benannte Museum in der Straße Wasserreihe 31–35 mit der angeschlossenen Forschungsstelle der Theodor-Storm-Gesellschaft.

Hier können die Besucher Leben und Werk des Schriftstellers nachvollziehen und hören auch erstaunliche Geschichten. Warum er nun gleich fünf Adressen in Husum hatte, erklärt sich vielleicht durch die große Kinderschar. Mit der ersten Gattin Constanze bekam er sieben Kinder. Sie verstarb bei der Geburt der letzten Tochter Gertrud. Zweite Ehefrau wurde Dorothea Jensen, die er bereits kurz nach der ersten Hochzeit kennenlernte und mit der er eine leidenschaftliche Beziehung über die Jahre pflegte. Mit „Dodo" wurde er dann Vater des achten Kindes. Er muss einen ungewöhnlichen Sog auf die Damenwelt ausgeübt haben, denn im Museum finden sich auch wertvolle Geschenke von Verehrerinnen. Darunter ein riesiger Schreibtisch, der mit kunstvollen Schnitzarbeiten verziert ist. Besonders auffällig sind vier Eulen. Das Möbelstück wurde in der Flensburger Werkstatt von H. Sauermann gefertigt. Die Eulen hat der damalige Lehrling Emil Hansen geschnitzt. Dieser erlangte Weltruhm als Maler Emil → *Nolde.*

Jedenfalls muss Storm nicht viel Schlaf gebraucht haben, schaut man auf seine große Familie, seine juristischen Vollzeitbeschäftigungen als Assessor, Landvogt oder Amtsrichter, der dann noch so nebenbei über 400 Gedichte und 200 Novellen schrieb. Darunter auch das Märchen „Der kleine Häwelmann" und das Gedicht „Knecht Ruprecht". Hut ab! Eines der bekanntesten Werke, „Der Schimmelreiter", entstand nicht in Husum, sondern in Hademarschen, wo Storm die letzten acht Lebensjahre verbrachte und schließlich kurz nach Fertigstellung der

Novelle 1888 an Magenkrebs verstarb. Die letzte Ruhe fand er in seiner Heimatstadt Husum auf dem St.-Jürgen-Friedhof.

www.storm-gesellschaft.de

Störtebeker

Ach, der gute Klaus Störtebeker! Chef der Freibeuter namens Vitalienbrüder war er, Seeräuber, aber als „Likedeeler" (Gleichteiler) einer von den Guten. Den Armen soll er von seiner Beute abgegeben haben. An Nord- und Ostseeküste wird er als gutherziger Gesetzloser, als Robin Hood der Meere gefeiert. Sein Schicksal ist legendär: Von Hamburgern vor → *Helgoland* nach erbittertem Kampf gefangen genommen, auf der → *Bunte Kuh* nach Hamburg gebracht, soll er dort 1401 auf dem Grasbrook geköpft worden und kopflos noch an elf seiner Männer vorbeigeschritten sein, um ihnen das Leben zu retten; so hatte man es ihm zugesagt, dann aber nicht eingehalten. Eine schöne Geschichte, aber leider nicht wahr. Denn für einen Piraten Klaus Störtebeker gibt es keine Belege.

Den wundersamen Weg des Fehdehelfers Störtebeker in die Welt der unverwüstlichen Legenden ebnet der Lübecker Dominikanermönch Hermann Korner. Er schreibt ab 1416 an einer Chronik, die zu einer Art Bestseller wird und in Teilen anderen Chronisten als Vorlage dient. Der Beliebtheit wegen entstehen immer neue Abschriften, Korner erweitert den Inhalt, schmückt ihn aus, kurzum: produziert ganz ohne böse Absicht, vielmehr als Zeichen seiner Zeit ein Gemisch aus Dichtung und Wahrheit.

Tatsächlich gibt es zwischen dem 14. und dem 16. Jahrhundert im → *Hanse*raum mehrere Männer namens Stortebeker, Stortzebecher und ähnlich. Es gibt sogar einen Klaus Störtebeker, doch der hat nur vorzuweisen, dass er

1380 in Wismar verprügelt wird. Ein Mann zur See dagegen ist Johannes Stortebeker, Kapitän eines Handelsschiffs aus Danzig. 1405 wird er gerichtsnotorisch, weil er einen Handelsboykott gegen England missachtet – zu einer Zeit, als Störtebeker der Legende nach längst hätte enthauptet sein müssen.

In der ersten Fassung des Chronisten Korner taucht der Name Stortebeker 1416 noch ohne Vornamen als Anführer der Vitalienbrüder auf. Erst in einer späteren Fassung ist von „Nicolaus" bzw. „Clawes" die Rede. Und wo es um den Sieg der Hamburger über die Vitalienbrüder und deren Enthauptung geht, nennt Korner diesen Störtebeker zwar vage als Anführer, nicht aber als Hingerichteten. Der Legendenbildung sind Türen und Tore geöffnet.

Ein Krimineller ist Störtebeker ohnehin nicht, darüber ist sich die Forschung einig. Vitalienbrüder sind Fehdehelfer, die sich mal diesem, mal jenem Herrn im Kampf gegen einen anderen andienen. Störtebeker ist Geschäftsmann im Sicherheitsgewerbe. Die Hamburger jedenfalls feiern den Sieg über die Vitalienbrüder und Störtebeker als Staatsfeind Nummer eins bis ins 18. Jahrhundert hinein. Es entstehen Liedgut, Literatur, eine Oper, ungezählte Bücher, Filme, Freilichtspiele. Und weil ein Nürnberger Drucker 1682 ein 167 Jahre zuvor entstandenes Porträt auf den Markt bringt, das bis heute als Störtebeker-Bildnis gehandelt wird, hat der vermeintliche Pirat sogar ein Gesicht – ein falsches, denn das Porträt zeigt einen gewissen Kunz von der Rosen.

Und das alles ausgelöst durch den kreativen Umgang eines Lübecker Mönchs mit Fakten. Ein Geheimnis war das übrigens nie, die nüchterne Wahrheit ist anhand von Quellen zu studieren. Aber will man das?

T

THW

Wenn Sie jetzt an das Technische Hilfswerk denken, dann liegen Sie ganz falsch: Im handballverrückten Schleswig-Holstein denkt jeder bei THW zuerst an einen der beiden Vereine im Land, die regelmäßig an der Spitze der Handball-Bundesliga auftauchen: neben der SG Flensburg-Handewitt eben der THW Kiel. Dass die drei Versalien „Turnverein Hassee-Winterbek e. V. von 1904" bedeuten, ist weniger bekannt als die Erfolge der Spieler. Und überhaupt: Unter Freunden ist die THW-Truppe als „Die Zebras" bekannt. Insgesamt zählt Schleswig-Holstein etwa 235 Vereine und Handballspielgemeinschaften mit rund 1900 spielenden Mannschaften. Der Handballverband Schleswig-Holstein HVSH hat circa 40 000 Mitglieder.

Tiefster Punkt Deutschlands

Still ruht er, der Hemmelsdorfer See in der ostholsteinischen Gemeinde Timmendorfer Strand. Jedenfalls bei schönem Wetter. Doch unter der Oberfläche hat die ehemalige, durch Sandmassen von der Ostsee abgeschnittene Hemmelsförde Erstaunliches zu bieten, nämlich mit 0,1 Meter unter Normalnull und einer Wassertiefe von 39,5 Metern den tiefsten Festlandspunkt Deutschlands. Der findet sich im südlichen Seeteil und ist mit einer Boje markiert, seit ihn Vertreter der HafenCity Universität Hamburg 2007 per Sidescan-Sonar, Subbottom-Sonar und

Multibeam-Sonar ermittelt haben. Man steht und staunt, dass es so hoch im Norden so tief runter geht. Zu sehen ist davon nichts. Dafür zeigt sich umso mehr Natur rund um den 4,5 Quadratkilometer großen See. Die ist zu Fuß oder per Rad auf einem Wanderweg zu erkunden. Am See brüten Höckerschwan, Graugans, Schnatterente, Blässhuhn, Haubentaucher und Schwarzhalstaucher; mit Glück zeigen sich Eisvogel, See- und Fischadler. Rings um den See liegen die Ortschaften Hemmelsdorf, Offendorf, Kreuzkamp, Wilmsdorf, Warnsdorf, Häven und Niendorf. Am Nordufer steht ein Aussichtsturm namens Hermann-Löns-Blick. Gleich nebenan fließt die Aalbek Richtung Lübecker Bucht ab, sie verbindet den Hemmelsdorfer See mit dem Fischerort Niendorf. Im Hemmelsdorfer See tummeln sich Aale, Barsche, Hechte, Zander, Forellen, die man im Fischereihof Hemmelsdorf probieren kann. Und wer im See baden will: Eine Badestelle gibt es in Offendorf (Badeanstalt Offendorf, Zum See 8, 23626 Ratekau). Übrigens: Auch Deutschlands begehbarer tiefster Punkt liegt in Schleswig-Holstein. Mit exakt 3,539 Meter unter Normalnull befindet der sich im 470-Einwohner-Örtchen Neuendorf-Sachsenbande (Kreis Steinburg) in der Wilstermarsch.

Tote Tante

Weil Herbst und Winter im Norden immer so nasskalt sind, braucht es mehr als ein heißes Getränk, um wieder warm zu werden. Vor allen Dingen, wenn man so richtig durchgefroren ist. Also werden Kaffee, heiße Schokolade und Tee (→ *Kömgrenze*) gern mit einem Schuss Hochprozentigem angereichert. Natürlich nur zum Zwecke der Durchwärmung. Im Fall der „Toten Tante" gibt es eine Portion → *Rum* in den heißen Kakao, Schlagsahne obendrauf und noch ein paar Schokostreusel, fertig ist das traditionelle Heizgetränk. Der Name kommt angeblich von einer von Föhr nach Nordamerika ausgewanderten Tante, die aber auf ihrer Heimatinsel bestattet werden wollte. Nach ihrem Tod soll sie von der nicht sehr begüterten Familie aus Kostengründen in einer Kakaokiste von Amerika zurück nach Föhr verschifft worden sein, wo es dann zum Leichenschmaus logischerweise Kakao mit Rum und Sahne gab. Eine Variante mit Kaffee ist der → *Pharisäer*.

Travemünder Woche

Am Anfang war eine Flasche Wein. Nicht um irgendeine, sondern um eine Flasche Lübecker → *Rotspon* ging es, als die beiden Hamburger Kaufleute Hermann Wentzel und Hermann Dröge im Jahr 1889 eine Regatta im Seegebiet zwischen Holsteinischer und Mecklenburger Küste austrugen. Das war die Geburtsstunde der Travemünder Woche (TW), von der die Lübecker selbstbewusst behaupten, sie sei die „schönste Regattareihe der Welt". Alljährlich steht sie Ende Juli nicht nur bei Wassersportlern fest im Terminkalender.

Es ist die enge Verzahnung von Segelsport und Landprogramm, die die Travemünder Woche so beliebt macht. Klar, Livemusik, Kleinkunst, Kunsthandwerk und international Kulinarisches zu Lande und Wettfahrten zu Wasser gibt es auch anderswo. Im schönen Travemünde (Einheimische sprechen von „Lübecks schönster Tochter") aber haben Seh-Leute bei vielen Rennen auch vom Strand und der Nordermole aus die Boote im Blick. Sportlich ganz handfest geht es hier um Deutsche, Europa- und Weltmeisterschaften. Von der Kielyacht bis zum Katamaran finden deren Mannschaften auf bis zu zehn Regattabahnen ihre Herausforderungen. Und die Wettfahrt um

die Flasche Rotspon, der sich Lübecks Bürgermeister alljährlich stellt, um an die Wurzeln der Segelveranstaltung
zu erinnern, wird sogar auf der Trave, quasi in Rufweite
der Zuschauer ausgetragen. 13 500 Einwohner hat das
beschauliche Travemünde. Zur TW kommen jährlich
rund eine Million Besucher. Und egal, wie der Rotspon-
Cup auch ausgegangen ist – am Schluss der Travemünder
Woche steht das traditionelle nächtliche Höhenfeuerwerk.

www.travemuender-woche.de

Tüdeln

Wieder so ein wunderbarer Begriff, der auch von nicht
→ *Plattdeutsch* sprechenden Schleswig-Holsteinern täglich gebraucht wird. Tüdeln hat gleich mehrere Bedeu-
tungen. „Tüdel nich so rum" ist eher die Mahnung, schneller zu arbeiten. Wenn jemand etwas vertüdelt hat, zeigt er
seine Schusseligkeit an und muss das, was er vertüdelt hat,
suchen. „Tüdelig sein" kann auch heißen, sich zu verzet-
teln. Während „Da habe ich so rumgetüdelt" das medita-
tiv-entspannende Rumpusseln meint. Und da gibt es
natürlich auch noch das „Kannst du das mal da rumtü-
deln?". Was das Anbringen eines Etwas an etwas anderem
bedeutet, beispielsweise einer Lichterkette am Tannen-
baum, des Führstricks an einer Kuh oder was auch immer
zu tüdeln ist. Ach, mit Tüdeln kann man so viel sagen.

Up ewig ungedeelt

Schleswig-Holstein, der Name sagt es, besteht aus Schleswig und Holstein, dies spiegelt sich im Landeswappen wieder, das links zwei blaue schleswigsche Löwen auf gelbem Grund zeigt und rechts weiß auf rot das holsteinische Nesselblatt. Die Verbundenheit der beiden Landesteile zeigt sich auch in der blau-weiß-rot gestreiften Landesflagge, die die entscheidenden Farben des Wappens vereinigt.

„Up ewig ungedeelt" lautet das Landesmotto – auf ewig ungeteilt sollen Schleswig und Holstein sein. Ewig ist ein großes Wort. Gefühlt ist das Motto tatsächlich von langer Haltbarkeit, es steht an der Wiege des eigentlichen Schleswig-Holsteins, teilt aber das Schicksal vieler Wahlsprüche: Die ursprüngliche Bedeutung wurde umgekrempelt.

Die Formulierung geht auf die Ripener Urkunde aus dem Jahr 1460 zurück. Mit ihr versicherte der dänische König Christian I. als Gegenleistung für seine Wahl die Selbstständigkeit und Unteilbarkeit der beiden Herzogtümer. „Unde dat se bliven ewich tosamende ungedelt", heißt es im königlichen Vertrag: Schleswig und Holstein sollten in einer Hand und Dänemark verbunden bleiben. Das hielt bummelig vier Jahrhunderte. Als August Wilhelm Neuber, Arzt in Apenrade, allerdings 1841 dichtete: „Se schölln tosamen blieben/Up ewig ungedeelt", hatte er anderes im Sinn. In Zeiten von zunehmendem Nationalismus folgte der Verseschmied der Auffassung, dass mit diesem „Up ewig ungedeelt" außer der Zusammengehörigkeit auch der Anspruch nach Unabhängigkeit von Dänemark zu begründen sei. Und schon war aus einer alten Zusicherung ein Kampfspruch geworden (siehe auch → *Schleswig-Holstein, meerumschlungen*). Zum Glück gibt es seither einen neuerlichen Wandel: Deutsche und Dänen leben in guter und fruchtbarer Nachbarschaft (→ *Dannebrog*). Und Schleswig-Holstein ist Schleswig-Holstein.

Uthlande

Uthlande sind → *friesisch* „Außenlande". Gemeint sind die dem Festland vorgelagerten Außenlande. In unserem Fall die → *Inseln*, → *Halligen* und Marschen im heutigen Kreis Nordfriesland. Erstmals erwähnt wurde der Begriff im 12. Jahrhundert. Immer wieder veränderte sich das Antlitz der Außenlande. Mehrere große Sturmfluten zerrissen das Land und schufen eine neue Ansicht. Ein Großteil der früheren Uthlande ist im Meer versunken. Dazu gehört zum Beispiel die Insel Strand (→ *Mandränke*).

V

Vogelfluglinie

„Das muss doch besser gehen!", mag sich der Königlich Dänische Baumeister Gustav Kröhnke gedacht haben, als er um die Mitte des 19. Jahrhunderts über die Verbindung zwischen Kopenhagen und Hamburg nachdachte. Als er am 4. Juni 1863 der dänischen Regierung seine Idee von der kürzesten Verbindung zwischen beiden Städten unterbreitete, hatte er sich an der Linie orientiert, der in etwa auch Kraniche und arktische Wasservögel auf ihren Reisen zwischen Skandinavien und Mitteleuropa folgen: der Vogelfluglinie. Im Jahr darauf entwickelte Kröhnke eine direkte Reiseroute zwischen Kopenhagen sowie den freien Städten Lübeck und Hamburg, die durch die damals dänischen Herzogtümer Schleswig und Holstein führte; Kröhnke plante unter anderem den Ausbau von Straßen- und Eisenbahnstrecken, eine Fährverbindung zur schleswigschen → *Insel* Fehmarn, einen Damm über den Fehmarnsund. Doch kaum begonnen, war Kröhnkes Vogelfluglinie 1864 mit dem Deutsch-Dänischen Krieg und der Verschiebung des dänischen Einflussbereiches passé. Vorerst.

100 Jahre nach Kröhnkes Plänen wurde die Vogelfluglinie (dänisch: Fugleflugtslinjen) dann doch eröffnet – mit einem deutsch-dänischen Brückenschlag: 1963 weihten der dänische König Frederik IX. und der deutsche Bundespräsident Heinrich Lübke die Fehmarnsundbrücke ein. Sie verbindet die schleswig-holsteinische Insel Fehmarn mit dem Festland und ist eine wichtige Wegmarke der

direkten Bahn- und Straßenverbindung zwischen den Großräumen Kopenhagen und Hamburg, die Richtung Dänemark über die per Tunnel verbundenen Inseln Lolland und Falster führt. Falster wiederum verbindet die Storstrømbrücke mit der nördlich gelegenen Insel Seeland und damit mit Kopenhagen. Mit der Fähre übers Wasser geht es auf der Vogelfluglinie nur noch zwischen Puttgarden (Fehmarn) und Rødbyhavn (Lolland). Noch. Die feste Fehmarnbeltquerung, ein rund 18 Kilometer langer kombinierter Eisenbahn- und Straßentunnel, soll das ändern.

Vogelkoje

Auf den nordfriesischen → *Inseln* war es eine verbreitete Methode, um Wildenten zu fangen: Noch heute sind auf Amrum, Föhr und Sylt Vogelkojen zu sehen. Und warum gab es sie? Schlicht und einfach, um die Enten zu essen. Mit Hilfe einer Lockente wurden die Vögel in einen künstlichen Teich gelockt, der mit Netzen überspannt war. Am Ende schwammen sie in Reusen und konnten sich aus diesen nicht mehr befreien. Der Kojenmann „kringelte" sie dann, was hieß, dass er ihnen den Hals umdrehte. In den einzelnen Vogelkojen wurden Tausende Enten gefangen. So wurden in der Amrumer Vogelkoje laut den Büchern zwischen 1867 und 1935 insgesamt 417 569 Enten gefangen, meist Spießenten, Pfeifenten und Krickenten. In der Alten Oevenumer Koje auf Föhr wurden zwischen 1730 und 1983 sogar 3 033 579 Enten erlegt. Die Enten wurden nicht nur zum frischen Verzehr gefangen, sie wurden auch eingepökelt und in Fässchen exportiert. Im 20. Jahrhundert wurde dem Treiben ein Ende gesetzt. Heute dienen Vogelkojen nur noch als touristisches Anschauungsmaterial, zum Beispiel in Boldixum auf Föhr und in Kampen auf Sylt.

Wacken

Das glaubt uns kein Mensch, ist aber so: Im winzig kleinen beschaulichen Dörfchen Wacken im Kreis Steinburg findet das weltgrößte Heavy-Metal-Festival statt. Und wenn wir sagen das weltgrößte, dann ist das nicht übertrieben. Es heißt in Zahlen, dass über 70 000 musikbegeisterte, meist in Schwarz gekleidete Metal-Heads in ein Dorf mit 1844 Bewohnern einfallen. Auf den ersten Blick hört sich das bedrohlich an, aber das Gegenteil ist der Fall. 70 000 machen ordentlich Lärm, aber sie haben auch Hunger, müssen schlafen, essen, trinken. Was ist schon eine Woche Ausnahmezustand gegen prall gefüllte Dorfkassen, die locker für das ganze Jahr reichen.

www.wacken.com.de

Wale in der Urnordsee

In einem Land vor langer Zeit: Vom heutigen Schleswig-Holstein liegt vor elf Millionen Jahren das meiste Land unter Wasser, das bisschen, das herausragt, wird von der Urnordsee umspült, wo heute Lübeck ist, stünde man am Spülsaum. Bis zu 50 Meter liegt das Land noch unter der Wasseroberfläche. In den Fluten tummeln sich gewaltige Wale – und von denen tauchen heute immer mal wieder besonders beeindruckende Exemplare als Fossile auf. Europas bedeutendster Fundort versteinerten Meeresgetiers ist die Kiesgrube im lauenburgischen Groß Pampau.

1984 wurden dort die ersten Knochen geborgen, seitdem wurden sensationell gut erhaltene Skelette von Walen und Haien gefunden, außerdem versteinerte Reste von See- schildkröten, Rochen, Robben, Knochenfischen, Seeigeln, Krebsen, Meeresschnecken, Muscheln. Die schönsten Stü- cke sind im Lübecker Museum für Natur und Umwelt zu sehen und erhellen das Bild von dem relativ warmen artenreichen Miozänmeer mit der größten Präsentation fossiler Wale, die es in Europa gibt.

www.museum-fuer-natur-und-umwelt.de

Warften

Wenn auf den → *Halligen* „Land unter" ist, freuen sich die Bewohner, dass ihre Häuser und Höfe auf Warften stehen. Die künstlich geschaffenen Hügel schützen Menschen, Tiere und Besitztümer vor dem Hochwasser. Auch ganze Dörfer finden Platz auf größer angelegten Erhebungen. An der deutschen Nordseeküste gibt es noch zahlreiche frü- here Warftendörfer. Beispiele für Schleswig-Holstein sind Wellinghusen in Dithmarschen sowie Tofting, Elisenhof, Poppenbüll und Waygaard in Nordfriesland. Auf Halligen sind Warften unverzichtbar. Die Warft mit der größten Fläche ist mit drei Hektar die Hanswarft auf der Hallig Hooge.

Wat mutt, dat mutt

Die → *plattdeutsche* Variante klingt ja viel gelassener als das Hochdeutsche „Was sein muss, muss sein". Der Nord- deutsche übt sich mit dieser buddhistischen Redensart in Gelassenheit. Passt irgendwie auch immer.

Kirchwarft auf Hallig Hooge

Waterkantgate

„Über diese Ihnen gleich vorzulegenden eidesstattlichen Versicherungen hinaus gebe ich Ihnen, gebe ich den Bürgerinnen und Bürgern des Landes Schleswig-Holstein und der gesamten deutschen Öffentlichkeit mein Ehrenwort – ich wiederhole: Ich gebe Ihnen mein Ehrenwort! –, dass die gegen mich erhobenen Vorwürfe haltlos sind."
Es ist dieses Zitat, das für den größten Politskandal des Landes steht, gesagt am 18. September 1987 vom damaligen schleswig-holsteinischen Ministerpräsidenten Uwe Barschel auf der sogenannten Ehrenwort-Pressekonferenz. Es ist die Lüge, die abschmettern soll, was das Nachrichtenmagazin „Der Spiegel" als „Waterkantgate" bezeichnet. Der Versuch misslingt. Eine Woche später erklärt Barschel seinen Rücktritt als Ministerpräsident, drei Wochen und zwei Tage später, am 11. Oktober 1987, wird er tot in einer Badewanne liegend im Genfer Hotel „Beau-Rivage" aufgefunden, gestorben an einer Medikamentenvergiftung. Das Bild des Toten erscheint als „Stern"-Titel. Das Wort Ehrenwort hat bis heute Unschuld und Gewicht verloren.

„Waterkantgate: Spitzel gegen den Spitzenmann" hatte „Der Spiegel" zuvor getitelt. Der Spitzenmann war Björn Engholm, SPD-Ministerpräsidentenkandidat, die Spitzel Leute, die Barschels Medienreferent Reiner Pfeiffer im Auftrag seines CDU-Chefs auf Engholm angesetzt hatte. Pfeiffer hatte Engholm außerdem anonym beim Finanzamt wegen Steuerhinterziehung angezeigt und ihn als angeblicher Arzt angerufen, um ihm mitzuteilen, dass er HIV-positiv sei. „Der Spiegel" berichtet dies kurz vor der Landtagswahl am 13. September 1987. Am Wahltag verliert die CDU 6,4 Prozent und ist hinter der SPD nur noch zweitstärkste Kraft. Das Folgende – Barschels Ehrenwort, sein Tod und die unklaren Todesumstände – traumatisieren das politische Kiel. Strittig ist bis heute, ob Uwe Barschel die tödlichen Medikamente selbst eingenommen hat oder ob er, wie vor allem seine Witwe beteuert, ermordet wurde.

Beendet ist das Kieler Waterkantgate nicht, 1993 wird im Gegenteil mit der sogenannten Schubladenaffäre ein weiteres Kapitel aufgeschlagen. Ins Rollen kommt der Folgeskandal durch Berichte über Geldgeschenke der SPD an die Waterkantgate-Schlüsselfigur Pfeiffer und das Geständnis des schleswig-holsteinischen Sozialministers Günther Jansen (SPD), dem Auslöser der Barschel-Affäre 40 000 bis 50 000 DM in bar geschenkt zu haben – aus Mitleid für den in finanziellen Schwierigkeiten steckenden Pfeiffer. Das Geld, so Jansen, habe er in einer Küchenschublade gesammelt. Die Geschichte ist der Anfang von Engholms politischem Absturz.

Björn Engholm, inzwischen Ministerpräsident, Bundesvorsitzender der SPD und designierter Kanzlerkandidat, behauptet jahrelang, von den Bespitzelungen gegen ihn erst aus dem „Spiegel"-Bericht erfahren zu haben. 1993 muss er eingestehen, dass er bereits vor der Landtagswahl von 1987 darüber informiert war und vor dem parlamentarischen Untersuchungsausschuss 1988 in dieser Sache einen Meineid geleistet hat. Er tritt von seinen politischen Ämtern zurück.

Weinberge

So viele Feinschmeckereien. Da fehlt ja nur noch ein guter Tropfen. Wie, den kann es gar nicht aus Schleswig-Holstein geben? Aber selbstverständlich gibt es hier Weinberge. Einer von ihnen liegt in der Holsteinischen Schweiz. Am sonnigen Südhang des Kleinen Gröndalbergs hat Landwirtin Melanie Engel im Jahr 2009 etwa 13 500 Rebstöcke angepflanzt. Die erste Weinlese im Jahr 2010 brachte 1300 Flaschen Weißwein und 1100 Flaschen Rotwein. Möglich wurde der Anbau durch eine sehr spezielle Begebenheit: Die weinlastigen Rheinlandpfälzer haben zehn Hektar Rebrechte an Schleswig-Holstein abgetreten. Immerhin 60 interessierte Betriebe hatten sich dafür beim zuständigen Ministerium beworben. Melanie Engel vom Ingenhof bei Malente hat mit ihrem Konzept überzeugt und drei Hektar zugesprochen bekommen. Damit die Trauben auch im kalten Norden gedeihen, setzten die Neuwinzer auf schnell reifende und pilzresistente Sorten. Der erste gekelterte Tropfen vom Ingenhof hieß passenderweise „Engel No. 1". Vier weitere Betriebe bauen ebenfalls erfolgreich Wein in Schleswig-Holstein an, darunter Gut Deutsch-Nienhof in Westensee und Hof Altmühlen bei Grebin. Auch Sylt und Föhr ernten ihren eigenen Wein.

Welterbe

*Lübeck – eine ganze Altstadt wird Kulturerbe
der Menschheit*

Zum ersten Mal nahm das Welterbe-Komitee der Unesco
1987 mit Lübeck einen gesamten Altstadtbereich als eines
der bedeutendsten Zeugnisse backsteingotischer Baukunst
in die Liste der Weltkulturerbestätten auf. Ausschlagge-
bend dafür war das Lübecker Stadtbild mit den sieben
Türmen und dem bis heute erhaltenen, bereits wenige
Jahre nach der Stadtgründung im Jahr 1143 unter Heinrich dem Löwen angelegten Grundriss: Die zwei mittig in
Nord-Süd-Richtung verlaufenden Hauptstraßen, von
denen rechtwinklig die Rippenstraßen zu Trave und
Wakenitz hinabführen. „Die Altstadt stellt als Gesamt-
kunstwerk ein hervorragendes Beispiel eines Siedlungsge-
bietes dar, das einen bedeutsamen Abschnitt in der Entwicklung der Menschheit versinnbildlicht", heißt es in der
Begründung der Welterbe-Kommission.

*Die Altstadt von Lübeck mit dem →Holstentor ist seit 1987
Unesco-Weltkulturerbe.*

2009 erkannte die Unesco das Wattenmeer als Weltnatur-
erbe an. Eingereicht wurde die Bewerbung gemeinsam von
Schleswig-Holstein, Niedersachsen und den Niederlanden.
2011 wurde das Naturerbegebiet um den hamburgischen
Teil des Wattenmeers erweitert, 2014 um den des dänischen
und den der deutschen Offshore-Gebiete. Es umfasst insgesamt 11 500 Quadratkilometer. Die Unescco beschreibt
es als „eines der weltweit größten und wichtigsten gezei-
tenabhängigen Feuchtbiotope", das als „Rastgebiet für
→ *Zugvögel* globale Bedeutung" hat. Deutschland, die Niederlande und Dänemark setzen sich gemeinsam für den
Schutz des Wattenmeers ein, die Zusammenarbeit wird
vom Gemeinsamen Wattenmeersekretariat (Common
Wadden Sea Secretariat) in Wilhelmshaven koordiniert.

Wikinger

Furchtlose Männer, bis an die Zähne bewaffnet. Sie kommen in lang gestreckten, wendigen Booten mit schaurigen
Drachenköpfen an Bug und Heck. Wilde Horden, tapfer,
aber erbarmungslos, die wie aus dem Nichts an Europas
Küsten und Flussufern auftauchen, Klöster und Siedlun-
gen plündern, die Bewohner töten oder versklaven, nie-
derbrennen, was sie nicht tragen können, und Met aus
Hörnern trinken – Wikinger. Beim heutigen Schleswig
gründen sie zu Beginn des 9. Jahrhunderts einen ihrer
bedeutendsten Stützpunkte: Haithabu. Waren sie wirklich
die mordenden Horden aus dem Norden?
Zwar haben sie einer Ära ihren Namen gegeben („Wikingerzeit" ist ein geschichtswissenschaftlicher Begriff, der
die Jahre 800 bis 1050 umfasst), doch „die Wikinger" gibt
es gar nicht. Es ist keine Ethnie, die da in Europa einfällt,
sondern es sind Angehörige unterschiedlicher Völker aus

Seit 1985 gibt es das Wikinger Museum Haithabu.

dem skandinavischen Raum – Nordmänner also. Bedeutende Ansiedlungen sind in Grönland und Island. Das
Leben dort ist hart und das Festland verlockend.

Wie genau Haithabu seinen Anfang nimmt und ob es ein
Nebeneinander mit Schleswig gibt, ist strittig. Im Wikinger
Museum Haithabu nimmt man an, dass der Handelsplatz
im 8. Jahrhundert von friesischen Kaufleuten gegründet
wird. Der dänische König übernimmt die Kontrolle über
den klug gewählten Standort, an dem westlich die Nord-
Süd-Handelsroute namens → *Ochsenweg* vorbeiführt und
über den der Warenumschlag zwischen Nord- und Ostsee
abgewickelt wird. Hier werden Waren aus der ganzen (be-
kannten) Welt gehandelt. Haithabus Ruhm als bedeutende
Handelsmetropole endet 1066 mit dem Überfall der West-
slawen, die östlich der Kieler Förde leben. Die Einwohner
verlegen die Siedlung ans andere Schleiufer nach Schleswig. Haithabu verfällt und wird vergessen. Im Jahr 1900
beginnen erste Grabungen. Das berühmte Wikinger Museum Haithabu entsteht 1985. Mit Originalfunden, Rekon-
struktionen und modernen Medien wird hier das Leben in
einer der ersten Städte Nordeuropas geschildert.

www.schloss-gottorf.de

Yachthäfen

Muss man erwähnen, dass das Land zwischen den Meeren ein Paradies für Segler ist? Wir tun es, weil die Fülle der Yachthäfen atemberaubend ist: 47 an der Ostsee, acht an der Nordsee, zehn an Binnengewässern – macht zusammen 65.

So beeindruckend die bloße Zahl auch ist, verrät sie doch nichts darüber, was ein Yachthafen eigentlich, also seinem Wesen nach, ist. Nur Bewohner küstenferner Binnenländer beantworten diese Frage mit der lapidaren Feststellung: „Ein Hafen, in dem Boote liegen". Maritime Kenner (das sind Bewohner des „echten Nordens", einer Landzunge zwischen Nord- und Ostsee) bestehen da schon auf präzisere Parameter für eine seetüchtige Bestimmung des Begriffs.

Erstes Kriterium für einen echten Yachthafen, dem dieser Name auch zusteht, ist, dass es sich um ein Wassergrundstück handelt, welches zu einem Yachtklub gehört (und nicht etwa nur zu einem x-beliebigen Segelsportverein). Als Yachtklub wiederum – und damit sind wir beim zweiten Kriterium – gilt nur eine Vereinigung von Menschen, die auch Eigner echter Yachten sind. Damit kommt das dritte Kriterium ins Spiel: die Definition einer Yacht. Zwar werden heutzutage auch dieselgetriebene Hubschrauberlandeplätze im Besitz russischer Multimilliardäre Yachten genannt, in Wahrheit meint der Begriff aber schnelle Segelschiffe, die mit Deck und Kajüte ausgestattet und mindestens 36 Fuß (12 Meter) lang sind. Eine besonders rigide Auslegung des Begriffs besagt sogar, dass eine Yacht eine Länge von 120 Fuß haben und auf den Namen „Meteor" getauft sein muss – wie die Rennsegler, mit denen Kaiser Wilhelm II. gerne an den Regatten der → *Kieler Woche* teilnahm.

Wenn man also die strengsten Maßstäbe maritimer Traditionalisten anlegt, schrumpft die Zahl der echten Yachthäfen im Land zwischen den Meeren recht deutlich; die meisten sind dann eher Anlegestege von Sportbootvereinen – auch wenn diese ihre Bierstuben gern Yachtklub nennen.

Z

Zugvögel

Gänse und Enten, Heerscharen von Watvögeln, Seeschwalben – mag Schleswig-Holstein für menschliche Zweibeiner ein Bundesland sein, das unbedingt eine Reise wert ist, so ist es für Zugvögel ungleich attraktiver. Und wichtiger. An die zehn Millionen Wat- und Wasservögel rasten Jahr für Jahr allein im Wattenmeer. Hier ist das Nahrungsangebot groß. Da macht man zwischen den Einheimischen gern Pause, um sich Reserven für die Tausende Kilometer weiten Flugreisen anzufressen. Die Nordsee und das Wattenmeer Schleswig-Holsteins gelten als eine Drehscheibe des Wat- und Wasservogelzugs zwischen Arktis und Afrika und sind außerdem Brutgebiet zahlreicher Küstenvögel. Die Ostsee ist Überwinterungsgebiet von Meeresenten und anderen Wasservogel-Kollegen. In den Niederungen richten sich Zwergschwäne und Wiesenvogelarten für die Brut ein. Wer Vögel beobachten will: Im Wattenmeer sind sie im Frühjahr und Herbst besonders zahlreich. Hier gibt es Nonnen- und Ringelgänse zu sehen, Knutts tanken Energie, Säbelschnäbler kommen zu Besuch, ebenso wie Küsten- und Brandseeschwalben, Grünschenkel, Sandregenpfeifer, Meerstrandläufer. Und sogar unter den sonst ganzjährig allgegenwärtigen → *Möwen* findet sich mit der Heringsmöwe eine Art, die auf Durchreise ist. Was es wann wo zu beobachten gibt, hat der Nationalpark Wattenmeer in seiner Broschüre „Vögel beobachten" zusammengestellt, Pdf-Datei unter:

www.nationalpark-wattenmeer.de

Register

Donnerkeile
Duckdalbe

E

Ebbe und Flut → Priel
Eckernförde → Förde; Gorch
  Fock; Kieler Sprotten
Eekholt, Wildpark → Mönchsweg
Eider → Grachten
Eiderstedt → Haubarg; Koog; Reet
Eisenbahnhochbrücke → Eiserne
  Lady; Nord-Ostsee-Kanal
Eiserne Lady s. a. → Nord-Ostsee-
  Kanal
Eiszeit → Bungsberg; Förde;
  Schleswig-Holstein, meerum-
  schlungen
Ekke Nekkepenn
Elbe → Glück; Mönchsweg
Elbe-Lübeck-Kanal → Salz
Ellenbogen (Sylt) → Leuchttürme
Eutin → Bungsberg; Grüner
  Hügel; Mönchsweg
Eutiner Festspiele → Grüner
  Hügel
Everschop → Mandränke

F

Fahrenkrug → Mönchsweg
Falshöft → Leuchttürme
Fehmarn → Monarch; Groth,
  Klaus; Inseln; Jakobsweg; Leucht-
  türme; Monarch; Mönchsweg;
  Vogelfluglinie
Fehmarnsundbrücke → Inseln;
  Vogelfluglinie
Fering → Friesisch
Fething s. a. → Halligen
Feudel
Findlinge → Friesenwall
FKK → Buhne 16; Sansibar
Fledermäuse

Flens
Flensburg → Angeln; Dannebrog;
  Flens; Gänge; Jakobsweg; Rum;
  Storm, Theodor; THW
Flensburger Förde → Angeln;
  Förde; Glück
Fliederbeersuppe
Flügge → Leuchttürme
Flying-P-Liner → Passat
Fofftein
Föhr → Bernstein; Friesisch; In-
  seln; Jöölboom; Kenkner/Hulken;
  Tote Tante; Vogelkoje; Weinberge
Förde
Förtchen
Fredeburg → Salz
Friedrichskoog → Heuler; See-
  hunde
Friedrichstadt → Grachten;
  Jakobsweg
Friesen s. a. → Danewerk; Frie-
  sisch; Haubarg; Klootstock;
  Kühe; Lewer duad üs slaw; Pid-
  der Lüng; Wikinger
Friesenhaus
Friesennerz
Friesenpalme
Friesentorte
Friesenwall
Friesisch (Sprache) s. a. → Helgo-
  land; Kniepsand; Odde; Rüm
  haart, klaar kimming; Uthlande

G

Gänge
Garnelen → Krabben; Priel
Geesthacht → Nobel, Alfred
Germanen → Angeln; Biikebren-
  nen; Donnerkeile; Friesisch; Hüh-
  nergötter; Nis Puk; Plattdeutsch
Glück
Glücksburg → Angeln; Glück

Glückstadt → Glück; Jakobsweg;
  Matjes; Mönchsweg
Gorch Fock
Gottorf s. a. → Moorleichen
Grachten
Grass, Günter s. a. → Brandt, Willy
Grebin → Weinberge
Gröde → Hallig Gröde; Halligen
Grömitz → Cismar
Groß Pampau → Wale in der
  Urnordsee
Großenaspe → Mönchsweg
Großenbrode → Mönchsweg
Großer Hans s. a. → Meelbüdel
Groth, Klaus
Grüner Hügel
Grünkohl → Biikebrennen; Bir-
  nen, Bohnen und Speck; Friesen-
  palme; Pidder Lüng
Grütze → Friesen; Nis Puk; Rote
  Grütze

H

Habel → Halligen
Hademarschen → Storm, Theodor
Haithabu → Danewerk; Holm;
  Wikinger
Hallig Gröde
Halligen s. a. → Biikebrennen;
  Fething; Friesen; Friesenhaus;
  Friesentorte; Jöölbom; Man-
  dränke; Pesel; Warften; Queller;
  Rungholt; Uthlande
Halunder → Friesisch; Helgoland
Hamburger Hallig → Halligen;
  Mandränke
Handball → THW
Hanse s. a. → Bunte Kuh; Holsten-
  tor; Kogge; Plattdeutsch; Salz;
  Störtebeker
Haubarg s. a. → Reet
Hauke Haien s. a. → Deichgraf;
  Koog

Häven → Tiefster Punkt Deutschl.
Heide/Holstein → Brahms, Johan-
  nes; Gorch Fock; Groth, Klaus;
Heiligenstedten → Mönchsweg
Helgoland s. a. → Bunte Kuh; Frie-
  sen; Friesisch; Hummer; Inseln;
  Lange Anna; Leuchttürme; Sansi-
  bar; Störtebeker
Hemmelsdorf → Tiefster Punkt
  Deutschlands
Hemmelsdorfer See → Förde;
  Tiefster Punkt Deutschlands
Hemmelsförde → Förde; Tiefster
  Punkt Deutschlands
Hemmingstedt → Klootstock
Heuler s. a. → Seehunde
Hindenburgdamm → Inseln
Holm
Holstein (Grafschaft/Herzogtum/
  Landesteil) → Dannebrog; Kühe;
  Münzschatz, Lübecker; Platt-
  deutsch; Schleswig-Holstein,
  meerumschlungen; Up ewig
  ungedeelt; Vogelfluglinie
Holstein (Rind) → Kühe
Holsteiner (Pferd)
Holsteinische Schweiz → Bungs-
  berg; Mönchsweg; Weinberge
Holstentor s. a. → Salz; Welterbe
Holtenau → Leuchttürme; Nord-
  Ostsee-Kanal
Holunder → Fliederbeersuppe;
  Knick
Hooge → Halligen; Pesel; Warften
Hörnum/Sylt → Leuchttürme;
  Odde
Hühnergötter
Hummeln → Plüschmors; Raps
Hummer s. a. → Helgoland
Husum → Krokusblüte; Man-
  dränke; Rungholt; Storm, Theo-
  dor; Mandränke; Rungholt

I

Inseln s. a. → Austern; Friesen;
Friesenhaus; Friesentorte; Helgo-
land; Jöölboom; Odde; Pesel;
Pharisäer; Queller; Rotes Kliff;
Uthlande; Vogelkoje
Itzehoe → Mönchsweg

J

Jakobsweg
Jöölboom

K

Kalfatern → Klabautermann
Kalifornien → Brasilien und Kali-
fornien
Kampen/Sylt → Buhne 16; Inseln;
Rotes Kliff; Vogelkoje
Kappeln → Angeln; Arnis; Gorch
Fock
Karl-May-Spiele → Fledermäuse
Karneval
Kegelrobben → Helgoland; Heu-
ler; Seehunde
Kellinghusen → Mönchsweg
Kenkner/Hulken
Kiel → Barlach, Ernst; Baumschu-
len; Blanker Hans; Bungsberg;
Förde; Friesisch; Gorch Fock;
Groth, Klaus; Jakobsweg; Kieler
Sprotten; Kieler Woche; Leucht-
türme; Nord-Ostsee-Kanal;
THW; Waterkantgate
Kieler Bucht → Förde; Kieler
Sprotten
Kieler Förde → Bungsberg; Förde;
Kieler Woche; Wikinger
Kieler Sprotten
Kieler Woche s. a. → Travemünder
Woche, Yachthäfen
Klabautermann s. a. → Nis Puk
Klöben

Klöndör s. a. → Friesenhaus
Kloostock
Kluntje
Klüsen
Knick
Kniepsand s. a. → Inseln; Odde
Kogge s. a. → Bunte Kuh; Hanse;
Rotspon
Kohl s. a. → Raps
Kömgrenze
Koog s. a. → Hauke Haien
Krabben s. a. → Priel; Schafe
Kreuzkamp → Tiefster Punkt
Deutschlands
Krokusblüte
Krümmel → Nobel, Alfred
Kühe s. a. → Raps; Schafe; Schles-
wig-Holstein, meerumschlungen

L

Labskaus
Land unter → Blanker Hans; Hal-
ligen; Warften
Landarzt → Arnis
Landesmuseen → Cismar; Gottorf;
Moorleichen; Rungholt; Wikinger
Landeswappen → Up ewig unge-
deelt
Lange Anna s. a. → Helgoland
Langeneß → Halligen; Friesenhaus
Lauenburg (Herzogtum) → Dan-
nebrog; Grass, Günter; Nobel,
Alfred; Wale in der Urnordsee
Lauenburg (Stadt) → Salz
Leuchttürme
Lewer duad üs slaw s. a. → Friesen
List/Sylt → Austern; Leuchttürme;
Lewer duad üs slaw
Lübeck → Barlach, Ernst; Brahms,
Johannes; Brandt, Willy; Bunte
Kuh; Cismar; Gänge; Grass,
Günter; Hanse; Holstentor;

Odde

Oevenum/Föhr → Vogelkoje

Offendorf → Tiefster Punkt
Deutschlands

Oland → Halligen

Oldenburg → Mönchsweg

Oldesloe → Salz

Ölzeug → Friesennerz

Öömrang → Friesisch; Kniepsand;
Odde

Ostholstein → Cismar; Grüner
Hügel; Inseln; Mönchsweg; Tiefster Punkt Deutschlands

Ostsee(küste) → Bernstein; Bungs-
berg; Förde; Grass, Günter;
Hanse; Inseln; Leuchttürme;
Möwe; Nord-Ostsee-Kanal; Salz;
Störtebeker; Tiefster Punkt
Deutschlands; Wikinger

P

Palstek

Passat

Pellworm → Bernstein; Halligen;
Inseln; Leuchttürme; Man-
dränke; Rungholt

Pelzerhaken → Bernstein

Pesel

Pferde → Holsteiner; Ringreiten

Pharisäer s. a. → Tote Tante

Pidder Lüng s. a. → Lewer duad üs
slaw

Pinneberg (Kreis) → Baumschu-
len; Helgoland

Platt/Plattdeutsch s. a. → Fofftein;
Gorch Fock; Großer Hans;
Groth, Klaus; Palstek; Plüschmors; Rote Grütze; Rummelpottlaufen; Schleswig-Holstein, meerumschlungen; Schwarzsauer;
Tüdeln; Wat mutt, dat mutt

Plön (Kreis/Stadt) → Brasilien und

Kalifornien; Bungsberg; Mönchsweg

Plüschmors s. a. → Raps

Preetz → Bungsberg

Priel

Priwall → Passat

Puttgarden → Mönchsweg; Vogelfluglinie

Q

Queller

R

Radfahren → Mönchsweg; Ochsenweg; Salz

Rantum/Sylt → Lewer duad üs
slaw; Sansibar

Raps

Ratekau → Tiefster Punkt
Deutschlands

Ratzeburg → Barlach, Ernst

Ratzeburger See → Salz

Redder → Knick

Reet s. a. → Friesenhaus; Haubarg

Rendsburg → Eiserne Lady; Nord-
Ostsee-Kanal

Rendsburg-Eckernförde (Kreis)
→ Dannebrog

Ringreiten

Robben → Heuler; Seehunde;
Wale in der Urnordsee

Rote Grütze

Rotes Kliff

Rotspon s. a. → Travemünder
Woche

Rüm haart, klaar kimming

Rum s. a. → Fliederbeersuppe;
Pharisäer; Rummelpottlaufen;
Tote Tante

Rummelpottlaufen s. a. → Ken-
kner/Hulken;

Rungholt s. a. → Mandränke; Salz

Impressum

Bildnachweis

fotolia: 18 (Christian Schwier), 61 (ksl), 73 (Dani Vincek), 84 (Thorsten Schier), 86 (Makuba), 91 (coastart), 95 (DirkR), 102 (Björn Wylezich), 119 (eyewave), 124 o (pusteflower9024), 124 u (crimson), 126 (Wilm Ihlernfeld), 127 (Madlen Steiner), 132 (xquell), 142 (Christian Colista), 159 (c_images), 162 (steschum); huber-images: 138 (Sabine Lubenow); Wolfgang Kunz/Agentur Bilderberg: 133; Siegfried Layda, Berlin: 11, 45; Landesmuseum Schloss Gottorf, Schleswig: 53; picture alliance, Frankfurt/M.: 22 (dpa); Georg Quedens, Norddorf: 8, 21, 47, 125, 128; Hans-Dieter Reinke, Rodenbek: 68, 109, 113, 115, 117, 139, 164; Roter Haubarg Reck GbR, Witzwort (Foto Rainer Ueth): 65; Schleswig-Holsteinischer Zeitungsverlag (sh:z): 121; Wikimedia Commons, Public Domain: 38 (Malte Hübner); Wikimedia Commons, CC-SA-2.0: 92 (Dirk Ingo Franke), CC-SA-3.0: 54 (Wolfgang Pehlemann)

Titel: fotolia © Sven Maaßen

Textnachweis

Der Abdruck des Auszugs aus dem Gedicht „Kleckerburg" von Günter Grass auf S. 56 erfolgt mit freundlicher Genehmigung des Steidl Verlags, Göttingen.

Bibliografische Information der Deutschen Nationalbibliothek

Die Deutsche Nationalbibliothek verzeichnet diese Publikation in der Deutschen Nationalbibliografie; detaillierte bibliografische Daten sind im Internet über http://dnb.d-nb.de abrufbar.

ISBN 978-3-8319-0668-0

© Ellert & Richter Verlag GmbH, Hamburg 2016

2., korrigierte Auflage 2017

Lektorat: Annette Krüger, Hamburg
Gestaltung: BrücknerAping Büro für Gestaltung GbR, Bremen
Gesamtherstellung: CPI books GmbH, Leck

www.ellert-richter.de
www.facebook.com/
EllertRichterVerlag